KB268913

북간도 유머

북간도 유머

리상각

미래문화사

책 머리에

우리 생활에 웃음이 없다면 사는 멋이 어디에 있겠는가. 살림이 아무리 어려워도 웃음을 만들 줄 알고 웃음을 주고받을 줄 아는 겨레의 이야기꾼들이 있기 때문에 우리의 어깨가 한결 가벼워지고 무거운 시름도 어느 정도 덜게 되는 것이다.

어지러운 인간 사회의 생사를 넘나드는 일이라도 지나놓고 보면 어처구니없는 웃음으로 어깨를 들먹이는 일들이 많다. 또 한 가정의 애정생활에서 벌어지는 이런저런 에피소드가 우리에게 교훈을 주기도 하고 그 교훈이 웃음으로 꽃피워지기도 한다.

사실 민족의 수난사와 함께 하는 북간도 동포들의 삶의 실상을 보면 한민족의 풍습을 상당 부분 원형 그대로 간직하고 있는 것을 볼 수 있다.

이러한 한민족의 얼이 담긴 귀중한 자료를 여러 해 동안 모으고 정리하여 이번에 《북간도 유머》라는 책으로 엮게 되었다.

사실 지난 역사의 편편을 보면 황당한 거짓말이 세월이 지나고 보면 진실일 수 있으며, 그래서 그 어이없는 웃음이 활력을 불어넣는 내일의 힘이 될 수도 있다.

여기에는 북간도에서 민간인들 간에 주고받은 일상의 내용을 수집한 야담 600여 편이 들어 있다. 더러는 이미 출간된 《사랑방 유머》에 비슷한 내용이 있지만, 그 역시 북간도에서 회자되고 있는 것들이라 엮은 이의 의견을 존중하여 그대로 실었다. 웃으며 봐 주신다면 편역자로서는 더없이 고마울 따름이다.

2000년 6월
중국 연길에서 리상각

차례
북간도 유머/리상각 엮음

제1부 조선족 야담집

제2부 중국 · 조선족, 그 외 소수민족 야담집

제1부
·
조선족 야담집

1101

·

돌에 얼어붙은 입과 궁둥이

매섭기 그지없는 한겨울이었다. 한 장님이 길을 가다가 뒤가 급해서 쭈그리고 앉아 뒤를 봤다. 그런데 휴지가 없어서 작은 돌멩이로 뒤를 닦다가 그만 돌이 밑구녕에 얼어붙고 말았다.

그때 마침 또 다른 장님이 걸어오고 있었다.

"이보게, 나 좀 살려주게. 밑구녕에 돌이 얼어붙어 버렸네."

그러자 두 번째 장님이 손으로 더듬어 보고는 돌을 뜯어 내려 했으나, 그 장님이 어찌나 아프다고 소리를 지르는지 어떻게 할 수가 없었다. 그래서 입김으로 녹여 보려고 했다. 이윽고 두 번째 장님이 입을 대고 '호-호' 부는데 이번에는 또 입이 돌에 척 들러붙고 말았다.

그래서 돌 하나에 밑구녕과 입이 같이 얼어붙어 버린 것이다.

그때 또 세 번째 장님이 오고 있었다. 그래서 밑구녕이 돌에 붙은 장님이 사정을 하며 말했다.

"이보게, 밑구녕에 돌과 입이 얼어붙었는데 이것 좀 떼 주게."

그러자 세 번째 장님이 손으로 더듬어 보더니 말했다.

"난 도무지 모르겠네. 어느 게 입이고 어느 게 밑구녕인가?"

"이 멍청아, 그것도 몰라. 빤질빤질한 게 궁둥이고 거칠거칠하게 수염이 난 게 입이잖아."

1102

·

물버섯 반찬

남편이 출장을 가기만 하면 아내가 바람을 피우곤 했다. 이를 눈치챈 남편이 그짓을 하는 아내를 붙잡아 보려고 벼르고 있었다.

그래서 한번은 거짓으로 출장을 간다고 하고는 집을 나와 숨어서 아내의 동정을 살폈다.

아닌게 아니라 한 남자가 집으로 슬쩍 들어가는 것이었다. 그래서 남편이 때를 놓칠세라 곧 뒤따라 들어갔다. 금방 뒤쫓아 들어갔지만 그 남자는 온데간데없고 아내가 남편을 보고 종알거렸다.

"아니, 출장을 간다더니 왜 벌써 돌아왔어요?"

"일이 그렇게 됐어. 잔말 말고 저녁상이나 어서 차려."

남편이 건성으로 대답하면서 집안을 두루 살펴보았으나 아무런 기미도 보이지 않았다.

그러는 동안 아내가 밥상을 차려 왔다. 남편이 바람에 게눈 감추듯 저녁밥을 후닥닥 먹어치우고는 말했다.

"양치물 가져와."

이때 부엌 마루장 밑에 숨어 있던 간부가 참지 못하고 옹지 구멍으로 거시기를 쑥 내밀었다. 아내가 보고 있자니 마루장 밑에서 팔뚝 같은 것이 쑥 나오는 바람에 거기에 가 제껵 앉아 치마로 덮어 버렸다.

"왜 꾸물거려? 제꺽 양치물 가져오라는데."

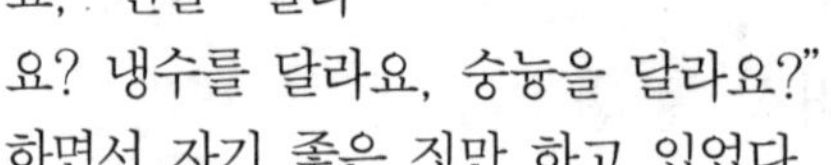

그러자 아내가 궁둥이를 들었다 놨다 하며 말했다.

"더운 물 달라요, 찬물 달라요? 냉수를 달라요, 숭늉을 달라요?"

하면서 자기 좋은 짓만 하고 있었다.

"요 괘씸한 년 같으니!"

이를 본 남편이 화가 나 아내를 발길로 냅다 차버렸다. 아내가 나뒹굴자 그 자리에 무슨 버섯이 돋아 있는 게 아닌가.

"헤, 버섯 반찬이 여기 있군그래."

그렇게 말하고 남편이 젓가락으로 그것을 꼭 집었더니 뽀얀 물이 쏟아지고 그것이 사르르 사라져 버렸다. 이를 보고 남편이 말했다.

"음, 버섯은 버섯이로되 물버섯이로군."

남편은 맹랑하여 물끄러미 그 구멍 쪽만 바라보았다.

1103

·

바나나

버스 안에서 한 여자가 바나나를 먹다가 호주머니에 넣었다. 그런데 버스가 자꾸만 덜커덩거리는 바람에 여자가 호주머니에 있는 바나나가 빠져 나올까봐 손으로 그것을 쥔다는 것이 그만 옆에 앉은 남자의 거시기를 덥석 틀어잡았다.

그러자 남자가 화가 나서 말했다.

"하, 이거 놓으시오."

"왜 놓겠슴둥? 내 바나난데."

"이건 바나나가 아니요."

"바나나가 아니문 뭡둥?"

"바나나는 바나나라도 먹지 못하는 바나나요."

"난 벌써 먹어 봤습꾸마. 정말 맛이 있는 게꾸마."

"아무튼 이건 내 바나나요. 어서 놔요."

"이게 어디 아즈바이 겜둥? 내게지."

"정말 이럴 내기요?"

"어디 법에라도 걸어 봅소. 난 할말이 있습꾸마."

여자는 막무가내였다. 두 사람이 승강이질하는 사이에 그만 그

거시기가 성이 나서 꿋꿋해졌다가 다시 온순해졌다.
그제야 그 여자가 거시기를 놓으며 말했다.
"에그, 그새 바나나가 썩었구나."
맹랑하기 짝이 없는 일이었다.

1104

·

콩물을 뒤집어쓴 코 큰 남자

코가 큰 남자가 거시기도 크다는 말을 들은 한 여자가 길에 나서서 코 큰 남자를 찾고 있었다. 때마침 코 큰 남자가 지나가는지라 그 남자를 붙잡고 다짜고짜 자기 집으로 끌고 들어갔다. 그리고는 옷을 홀랑 벗고 들이대라고 했다. 그 남자는 영문을 몰라 어리둥절해 있다 보니 거시기가 힘을 잃고 있었다. 여자는 그만 화가 나서 무릎으로 남자의 아랫배를 걷어차 버렸다.
"네놈도 마찬가지구나. 어서 꺼져라."
남자는 걷어채인 배를 끌어안고 팍 거꾸러졌는데 코가 그만 그 여자의 그곳에 가 박혔다.
"하, 이게 좋구나."
여자는 남자의 두 귀를 잡고 들었다 놨다 하다가 쫓아 버렸다. 그래서 코끝에 뿌연 물이 가득 묻은 그 남자는 맥없이 쫓겨나왔다. 그때 길을 가던 한 여자가 그를 보고 물었다.
"아즈바이, 어디 가서 콩물을 그리도 많이 마셨슴둥?"
그 말에 남자는 어안이 벙벙할 뿐이었다.

1105

넓적다리 위의 노루

남편이 출장이 잦다 보니 아내가 가끔씩 바람을 피우곤 했다. 이를 눈치챈 남편이 아내의 왼쪽 넓적다리에다 노루 한 마리를 그려 놓았다.

"나 돌아와서 이 노루가 그대로 있나 볼테다. 없어지면 일을 저지른 줄 알고 종아릴 꺾어 놓을 테니 알아서 해."

남편이 으름장을 놓고는 집을 나섰다. 그럼에도 아내가 또 군서방을 데려다가 한밤을 지냈다. 그런데 새벽녘이 되자 아내는 덜컥 겁이 났다.

"큰일났어요. 남편이 그려 놓은 노루가 지워졌어요."

여자가 울상을 하며 말했다.

"그게 무슨 대수야? 다시 그리면 되지."

그리고는 군서방이 쭈그리고 앉아 여자의 다리에다 노루 한 마리를 그려 놓았다.

그런데 그만 잘못하여 오른쪽 넓적다리에 그려 놓고 말았다.

남편이 출장에서 돌아왔다.

"어디 넓적다리를 보자구."

"봐요."

아내가 시뚝해서는 노루를 그려 놓은 오른쪽 다리를 내 보였다.

"아니, 내가 그린 건 왼쪽인데 이건 왜 오른쪽에 있지?"

그러자 아내가 혀를 끌끌 차며 말했다.

“에그 에그, 그것도 목숨이 붙어 있는데 어찌 가만 있겠슴둥. 왼쪽에서 오른쪽으로 건너뛰었습지비.”

아내의 말에 남편은 고개를 갸우뚱할 뿐이었다.

1106
·

술 병

한 나이 어린 아가씨가 회사에 들어와 일을 했다. 그런데 한두 해가 지나자 웬일인지 자꾸 훌쩍거리며 울곤 했다.

그래서 사장이 영문을 몰라 물었다.

“아가씨, 무슨 일이야?”

“말씀 드리기가 뭣하는데요.”

“어디 몸이라도 불편한가? 어려워 말고 말해 봐.”

“그런 게 아니라 저에게 지금 수염이 생겨서요.”

“수염이 생기다니, 어디에?”

“여기에요. 남들은 코밑에 수염이 나는데 저는 왜 별난 데 날까요?”

“아, 그건 나이 들면 누구나 다 생기는 법이야.”

“그럼 사장님도 거기에 수염이 있습니까?”

“그럼, 나도 있지.”

“어디 한번 봅시다. 봐야 믿든지 말든지 하지요.”

여사원이 자꾸 조르는 바람에 사장이 하는 수 없이 허리띠를 풀고 보여주었다.

그러자 아가씨가 한참을 들여다보더니 말했다.

“이젠 알았어요. 그런데 사장님은 사타구니에 웬 술병을 차고 다니세요? 그 술은 사장님 혼자 마시는 겁니까?”

사장은 순진한 여사원의 말에 웃지 않을 수 없었다.

1107

·

거시기에 이빨 난 노처녀

어느 마을에 노총각과 노처녀가 있었다. 마을 사람들은 그 총 각이 거시기가 너무 커서 장가를 못 간다거니 그 처녀가 거시기에 이빨이 있어서 시집을 못 간다거니 하며 수군거렸다. 이는 근거 없는 말로 남의 소리 하기 좋아하는 싱거운 사람들이 퍼뜨린 헛소 문이었다.

이렇게 헛소문이 나돌자 중매쟁이가 나서서 그들 둘을 좋은 말 로 구슬려 혼례를 성사시켰다.

그래서 첫날밤에 노총각과 노처녀가 한 이불 속에 들었다. 그런 데 총각이 생각하기를 '만일 그녀의 그곳에 정말 이빨이 있다면 어떡하나' 싶었다. 그래서 만일의 경우를 대비해서 거시기 대신에 시험삼아 그곳에 무릎을 슬그머니 밀어넣어 봤다.

노처녀 역시 소문을 들은지라 너무 큰 거시기가 들어오면 어떡 하나 싶어서 은근히 두려워하고 있었다. 그런데 아니나 다를까 떡 돌 같은 것이 덮치기에 그놈을 손톱으로 허비고 꼬집어 놓았다. 그러자 남자가 '에크-' 하고 소리지르며 무릎을 치웠다. 그런데 무릎에서 피가 줄줄 흘러내리는 것이었다. 남자는 눈이 휘둥그레 져서 중얼거렸다.

"과연 소문과 같이 그놈의 이빨이 무섭긴 무섭군."

그러자 그녀도 도망치면서 중얼거렸다.

"과연 이 남자의 거시기는 소문보다 훨씬 크구나."

1108

·

구멍이 두 개라서

아이의 어머니가 짐을 이고 어린아이를 업고 길을 가는데 갑자기 뒤가 마려웠다. 그래서 급한 김에 그대로 주저앉아 용변을 보았다.

그런데 짐을 이고 아이를 업었기 때문에 뒤를 닦자니 팔이 닿지 않았다.

그래서 업은 아이에게 휴지를 주면서 말했다.

"애, 네가 뒤를 좀 닦아 주렴."

그러자 업힌 아이가 허리를 늘여뜨리고 내려다보면서 물었다.

"엄마, 구멍이 두 갠데 어느 걸 닦으라요?"

아이의 말에 어머니는 대답을 못했다.

1109

·

그걸 삼켜 버린 고양이

남편이 늘 콧물을 한 발씩 흘리자 아내가 야단을 치며 말했다.

"어서 병원에 가서 수술하세요. 아이들 보기가 부끄럽지도 않아요?"

그래서 남편이 병원으로 가서 의사를 찾았다.

그런데 의사의 말이 거시기가 길어서 콧물을 길게 흘리는 것 같으니 그걸 자르자는 것이었다.

"거시기를 잘라도 성생활은 문제없나요?"

"조금만 남겨 둬도 마찬가지로 할 수 있으니 걱정 마세요."

의사의 말에 남편은 거시기를 절반쯤 잘라 버렸다. 그랬더니 콧물이 덜 흐르는 것 같았다.

"어떻게 수술했나요?"

남편이 병원을 다녀오자 아내가 물었다.

그래서 남편이 자초지종을 얘기하자 아내가 발끈 화를 내며 말했다.

"당장 가서 찾아와요. 난 그거 없인 못 산단 말예요."

남편이 의사를 찾아가서 잘라 버린 거시기를 돌려달라고 했다.

"떼버린 걸 고양이가 물어 갔는데 어떻게 찾습니까?"

의사는 난처하기 짝이 없었다. 그래서 생각다 못한 남편이 거시기를 물고 간 고양이를 붙잡아 사정없이 두들겨 패 주었다.

"이놈, 어서 뱉아내 놓지 못할까. 우리 여편네도 아까와서 내 거시기를 물었다 뱉았다 하는데 네놈이 감히 삼켜 버리다니."

하지만 고양이는 '야옹야옹' 하고 사정만 할 뿐이었다.

1110

할아버지 안녕하심둥

예절을 모르는 아들 때문에 속을 태우던 아버지가 아들을 붙잡고는 가르쳐 주었다.

"이놈아, 예절을 모르니 우리 가문 망신이 이만저만이 아니다. 이제부터는 수염이 있는 어른을 보면 할아버지 안녕하심둥 하고 인사를 하고, 수염이 없는 어른을 보면 할머니 안녕하심둥 하고 인사를 하도록 해라."

“예, 명심하겠습니다.”

그런데 아들이 나이 들어 장가를 갔는데 첫날밤 새각시가 옷을 훌훌 벗었다.

아들놈이 그녀의 앞을 들여다보니 수염 비슷한 게 나와 있었다. 그래서,

“할아버지 안녕하심둥!”

하고 넙죽 엎드려 절을 했다. 그러자 각시가 너무도 우스워 키득거리며 빽 돌아앉았다. 그런데 아들이 또 보니 새각시의 빤질빤질한 궁둥이에 수염이 없었다. 그래서 이번에는,

“할머니 안녕하심둥!”

하고 또다시 넙죽 엎드려 절을 했다.

그러자 새각시는 무슨 영문인 줄도 모르고 미소만 지었다.

1111

사라지지 않는 쥐의 환각

여자들은 어디를 가든지 앉을 때 두 다리를 벌리고 앉으면 실례라고 몇 번이나 타일렀지만 왈패 같은 여자가 도무지 알아듣지를 못했다. 그러던 어느 날 한번은 툇마루에 퍼질러 앉아 있는데 고양이한테 쫓기던 쥐가 그곳이 자기 집인 줄 알고 홀짝 뛰어 들어갔다. 그러자 여자가 당황해서 어쩔 줄을 몰랐다. 그런데 때마침 한 총각이 마당 앞을 지나가기에 여자가 소리쳤다.

“이봐요 총각낭군, 나하고 한번 자 보지 않을래요?”

그러자 남자는 웬 횡잰가 싶어 좋아 어쩔 줄을 몰랐다.

결국 총각이 그녀와 살을 섞었는데, 그 속에 들어앉아 자리를 잡은 쥐가 내다보고 있자니 자기 같은 놈이 또 들어오는지라 나가서 덥썩 물고는 놓지 않았다.

순간 총각이 거시기 끝이 따끔하고 아파서 '이크' 하고 얼른 빼냈다. 그러자 쥐가 미처 물었던 거시기를 놓지 못하고 함께 끌려 나왔다. 결국 여자의 생각대로 문제가 해결된 셈이었다.

그 뒤 총각이 장가를 들었는데 각시와 동품을 하려면 자꾸만 거기서 쥐가 내달아 나오는 것 같았다. 그래서 쥐를 쫓느라고 '쉿 쉿' 하기만 했다.

각시가 이상해서 왜 그러냐고 묻자 쥐가 줄지어 자꾸만 나오는 것 같다고 했다. 그러자 각시가 말했다.

"여보세요, 전 늘 다리를 오무리고 앉으니 쥐가 들어올 염려가 없어요. 그러니 안심하세요."

그러나 그 남자는 한번 놀란 적이 있어서 상당히 오랫동안 환각에 시달렸다.

1112

김칫국 아이

군인이 어쩌다 고향 마을을 지나가게 되어 오랜만에 아내와 만났다. 그러나 도무지 동품할 기회가 없었다.

그래서 아내가 김치 움에 들어가 김치를 꺼내는 사이에 남편인 군인이 뒤따라 들어갔다. 그리고는 너무도 급한 김에 둘 다 속옷을 벗을 사이도 없이 그대로 달려들었다.

이후 열 달 만에 아이를 낳았는데 어린아이의 볼기짝에 속옷 천 조각 두 개가 붙어 있는 것이었다. 그래서 그 아이의 이름을 '김칫국'이라 지었다고 한다.

1113

·

주물러진 두부

한 여자가 시장에 가서 두부를 파는데 그 앞에 말이 서 있었다. 방치 같은 말의 거시기가 흔들거리자 두부를 팔던 그녀가,
"에그 저거, 에그 저거……"
하면서 함지의 두부를 죄다 주물러 망가뜨려 놓았다. 그래서 두부를 팔 때는 말의 거시기를 볼 것이 못 되는 것이구나 하고 속으로 중얼거렸다.

1114

·

약탕관에 끓여 먹은 콘돔

한 여인이 아이를 그만 낳으려고 산부인과를 찾아가서 말했다.
"피임약 좀 주세요."
그러자 의사가 피임 도구를 내주면서 부탁했다.
"명심해 쓰십시오."
그러자 여인이 집으로 돌아가 콘돔을 잘게 썰어서 약탕관에 넣고 푹 달여서 마셨다. 그래서 안심하고 일을 치렀는데 얼마 후 아이가 생겼다. 여인은 이상하다 싶어 유산을 하고 나서 의사에게 왜 약 효과가 없는가고 물었다.
그러자 의사가 되물었다.

"어떻게 썼습니까?"

"칼로 잘게 썰어서 달여 먹었지요."

"아니, 그게 어디 달여 먹는 겁니까?"

의사는 어이가 없어서 말을 잇지 못했다. 그러다가 한참 생각하더니 가까스로 말문을 열었다.

"그건 삐어져 나온데다 씌우는 거라구요."

의사의 말에 여인은 그제야 알았다는 듯 기뻐하며 집으로 돌아갔다.

여인은 남편을 생각지 못하고 자기 몸에 삐어져 나온 데를 두루 살펴보니 코밖에 없었다. 그래서 콘돔을 코끝에 씌워가지고 다녔다. 그러자 사람들이 그녀를 보고 물었다.

"그걸 왜 코끝에 걸고 다닌데요?"

"이렇게 하면 아이가 생기지 않는대요."

여인이 으스대며 대답했다.

1115

·

손수건

당 간부인 한 지도일꾼이 바지 단추를 채울 줄 몰라서 늘 바지 앞섶이 벌어져 있었다. 한번은 그가 비서를 데리고 버스에 올라탔다. 그 곁에 한 처녀가 예쁜 손수건을 꺼내들고 입과 코를 씻으려다가 그만 손수건을 떨구어 버렸다.

그런데 그 손수건이 지도일꾼의 바지 앞섶에 가 걸려 버렸다. 처녀는 그것이 언제 바닥에 떨어질까 싶어 자주 그곳을 힐끔힐끔 곁눈질해 보았다. 이것을 눈치챈 비서가 지도일꾼을 툭툭 건드리며 고갯짓으로 바지 앞섶을 보라고 알려 주었다. 그러자 지도일꾼이 손수건을 알아보고 그것을 제꺽 바지 속으로 밀어넣었다. 그러니 처녀가 얼마나 애수했겠는가.

　버스 정류소에서 내려서야 지도일꾼이 다리를 흔들어 손수건을 털어 버리고 갔다.

　그래서 처녀가 손수건을 제꺽 주워 들었다. 그리고는 코밑을 닦으려고 하니 손수건에 무언가 찐득찐득한 게 묻어 있었다.

　"아까 코를 닦으려다 그 코를 씻지 못했는데 웬 콧물이 손수건에 묻었을까?"

　처녀는 이상스러웠다. 지도일꾼이 헤프게도 아무데나 찔끔찔끔한 게 분명했다.

1116
·
노 간부 활동실

　나이 든 노인들이 공원에 모여 앉아 시간을 보내고 있었다. 그 때 한 노인이 날씨가 덥다고 치마를 들고 얼굴에 바람을 일구고 있었다. 이를 본 한 영감의 바지 앞섶이 서서히 일어서는 것이었다. 그것을 본 한 노인이 물었다.

　"아바이, 바지 앞에 불룩한 게 뭡둥?"

　"이마 벗어진 노간부요(퇴직공무원)."

　영감이 대답하고 나서 되물었다.

　"그런데 거 치마 밑에 건 뭡니까?"

　"예, 노간부 활동

실이꾸마. 놀러 옵소."
"불이나 땠습네까?"
"불만 땠겠슴둥. 물도 끓여 났수꾸마. 아무 때나 생각이 있으면 옵소."
이후 영감이 그 화동실에 놀러 갔는지 안 갔는지는 잘 모르겠지만 아무튼 느낌이 심상치 않았다.

1117
·

총을 멘 보초군

아내가 종종 바람을 피우자 남편이 아내의 넓적다리에다 그림을 그려 놓았다. 오른쪽 어깨에 총을 메고 보초를 서는 그림을 오른쪽 넓적다리에 그려 놓은 것이다.
"이 그림이 지워지면 경을 칠 줄 알아라."
남편이 을러메고는 멀리 출장을 떠났다. 아내는 이때다 싶어 간부를 불러 그와 수작을 피웠다. 그런데 어찌나 요란을 떨었는지 그만 그림이 지워지고 말았다.
"이거 큰일났어요. 여기에다 총을 멘 보초군을 좀 그려 주세요."
그런데 간부가 왼쪽 넓적다리에다 왼쪽 어깨에 총을 멘 보초군을 그려 놓았다.
남편이 출장에서 돌아와 아내의 넓적다리를 들여다보고는 말했다.
"이 보초군이 왜 왼쪽에 있는 거야?"
그러자 아내가 말을 잘도 꾸며댔다.
"아이고, 보초는 왔다갔다하며 서는 거지 어디 한 자리에 서서 보초 서는 걸 봤어요?"
"총도 이쪽저쪽 바꾸어 메는 것 못 봤어요? 그런 것도 모르고 그림을 그리다니."

남편은 기가 차고 어이가 없어 그저 허허 웃고 말았다.

1118

·

국수 있소

멋쟁이가 멋을 부리느라고 일부러 좋은 이빨을 뽑아 버리고 금 이빨을 해 넣고는 여자들 앞에서 몹시 자랑하고 싶었다.

그래서 음식점을 찾아가 함지박만한 입을 크게 벌리며 히죽거렸다.

"국수 있소?"

그러자 국수집 주인 여자 역시 금가락지를 자랑하고 싶어서 두 손을 엎었다 제쳤다 하면서 너펄거렸다.

"없소, 없소, 없소."

씹을 필요도 없는 국수집에서 국수를 팔 생각이 없는 아주머니 와 벌인 헤프닝이었다.

1119

·

백치 사또의 소 흥정

어느 고을에 백치 사또가 있었다. 어느 날 그 고을에서 소 흥정 이 벌어졌는데 도무지 흥정이 나질 않아 장꾼들이 사또에게 여쭙 기로 했다. 그러자 사또가 어쩔 줄 몰라 쩔쩔맸다. 이때 그의 아 내가 귀띔해 주었다.

"어서 가세요. 가서 소뿔을 틀어잡고 궁둥이를 차면서, 입이 뭉 툭하니 먹기를 잘 먹겠다, 갈비뼈가 굵으니 힘도 잘 쓰겠다, 궁둥 이가 크니 새끼도 잘 낳겠다 하면서 한 백 냥은 가겠다고 그러세요.”

그래서 사또가 장에 가서 아내가 가르쳐 준 대로 했더니 장꾼들이 감탄하지 않는 사람이 없었다.

며칠이 지나 사또의 장모가 앓아 누웠는데 백치 사또는 병문안 갈 생각을 않는 것이었다.

그래서 사또의 아내가 또 귀띔해 주었다.

“병환에 계시는 어머니 문안을 다녀오셔야지 않겠어요.”

그제야 사또는 알았다는 듯이 횅하니 처가로 달려갔다. 그는 이불을 덮고 앓아 누워 있는 장모를 보더니 궁둥이를 걷어차며 씨부렁거렸다.

“입이 뭉툭하니 먹기를 잘 먹겠다, 갈비뼈가 굵으니 힘도 잘 쓰겠다, 궁둥이가 크니 새끼도 잘 낳겠다. 야, 한 백 냥은 가겠네요.”

그러자 장모가 어이가 없어 벌린 입을 다물지 못했다.

1120

고린내 나는 버선

고을의 한 사또가 버선을 벗어서 냄새를 맡아 보았다. 그러자 고린내가 코를 찔렀다. 이때 문득 본처와 첩이 누가 더 진속말을 하는지 알아보고 싶어졌다.

그래서 먼저 버선을 본처의 코밑에 들이대며 물었다.

“무슨 냄새가 나는가?”

“고린내가 몹시 나는군요.”

이번에는 첩의 코밑에 들이대며 물었더니 첩이 간드러지게 웃으며 말했다.

“호호호, 암탉 삶는 고소하고 구수한 냄새가 나는군요.”

“이년아! 내 코에도 고린내가 나는데 어찌 암탉 삶는 내가 난단 말이냐?”

그래서 사또가 소리를 꽥 지르며 아부 근성이 있는 첩을 영영 떠나 버렸다.

1121
·

녹용도 소용없어

남편이 거시기를 잘 쓰지 못해서 아내가 녹용을 사서 정성껏 달여 주었다. 그런데 녹용을 달여 먹고도 아무 소식이 없었다. 그래서 아내가 녹용의 출처를 알아가지고 그 녹장을 찾아가서 따지고 물었다. 그러자 녹장 책임자가 한참 생각한 끝에 이렇게 말했다.

“그 녹용은 사슴이 교배한 뒤에 떼낸 것이어서 약효가 못한 게 분명합니다. 그러니 아무리 좋은 녹용이라도 그놈이 맥이 다 빠진 뒤에 사람이 갖다 먹으면 아무 소용이 없다는 얘기가 됩니다.”

그러자 아내가 중얼거리며 실망스런 표정으로 돌아갔다.

“아이고, 녹용도 다 소용이 없구나.”

1122
·

얼음에 얼어붙은 음모

이른 봄에 새 각시가 강에 나가 빨래를 하고 있다. 빨래를 다 하고 나니 집에서 속옷을 갈아입지 않은 생각이 났다. 그래서 속옷을 훌렁 벗어 빨기 시작했다.

이른 봄이어서 강가에는 얼음이 그대로 남아 있었다. 빨래를 다 하고 일어서려고 하는데 하신의 음모가 얼음에 얼어붙어서 일어설

수가 없었다. 이때 시아버지가 집에서 기다리다 못해 강가로 찾아
나섰다.

"며늘애기야, 무슨 일이냐?"

시아버지의 물음에 며느리는 부끄러워 얼굴이 홍당무가 되었다.

시아버지가 눈여겨보니 며느리의 하신이 얼어붙어서 일어나지 못하는 것이었다. 그래서 시아버지가 한참 궁리하던 끝에 허리를 구부리고 앉아 그곳에 입을 대고 '호-호' 하고 입김을 불어 녹이기 시작했다. 그러자 이번에는 시아버지의 수염이 그만 얼음에 척 얼어붙어 버렸다.

그 후 보름이 지나서야 그 얼음이 녹았다고 하니 참으로 기막힌
일이 아닐 수 없다.

1123

·

그곳을 핥다 죽은 곰

한 여자가 강에 나가 빨래를 하고 나서 미역을 감았다. 그리고
는 따뜻한 햇빛 아래서 그만 졸음이 와서 행주치마로 앞을 가리고
큰 대(大)자로 누워 잠이 들었다. 그때 미풍이 살살 불어 행주치
마를 감아올렸다.

어렴풋이 잠들었던 그녀는 하신이 근질거리는 느낌이 들었다.

그래서 웬 불량배가 수작질을 하는 줄 알고 곁에 있는 빨래 방망이를 얼른 집어들어 답새겼다. 그런데 눈을 뜨고 보니 황소만한 곰이 나자빠져 있었다. 곰이 그곳을 핥다가 얻어맞고 늘어진 것이었다.

그녀는 곰을 끌어다가 가죽은 벗겨서 팔고 고기는 남편에게 요리해 주었다. 가죽을 판 돈으로는 찬장과 그릇들을 사 놓고 매일같이 어루만지며 놀러 오는 친구들에게 자랑하곤 했다.

그러자 이웃의 다른 한 여자가 몹시 부러워했다. 그래서 자기도 강에 나가 빨래를 하고 나서 미역이고 뭐고 다 그만두고 모래터에 벌렁 나자빠져 누워 있었다.

이윽고 하신이 근질거렸다. 그래서 그녀도 빨래 방망이로 냅다 답새겼다. 그런데 웬걸 곰은 보이지 않고 방치로 하신을 쳐서 그만 숨이 넘어갈 듯 아파 왔다. 알고 보니 미역을 감지 않아서 퀴퀴한 그곳에 개미떼가 와글와글 모여들었던 것이다.

1124

·

거시기로 놓은 다리

강물이 불어나서 외나무다리가 떠내려가는 바람에 강을 건너지 못한 행인들이 강 양안에 몰려 서 있었다.

이때 거시기가 너무 길어 가정을 이루지 못하고 고민하던 사람이 이 광경을 보았다. 그래서 그가 잽싸게 머리를 굴려 거시기로 다리를 놓아 주었다. 그러자 많은 사람들이 뜻밖의 사실에 기뻐하며 담배를 꼬나물고 부지런히 건너다가 그곳에 담뱃불을 떨어뜨리고 말았다.

"에크, 따가와라."

그 사람이 얼른 거시기를 거둬 버렸다. 그 바람에 많은 사람들이 물에 빠져서 사람 살려라고 외쳐댔다.

이때 강가에서 빨래를 하던 여자가 급히 하신을 들이대고 그것을 그물삼아 떠내려가던 사람들을 구해 주었다. 그래서 살아난 사람들이 그녀에게 백배 사례했다.

한편 거시기가 긴 그 남자와 이 여자가 만나고 보니 그들은 천생배필이었다. 그래서 그녀가 말했다.

"당신 산에 가서 짐승들을 다 몰아 오세요. 제가 받아 넣을 테니까요."

남자가 알았다며 거시기로 이 나무 저 나무를 치며 동에 번쩍 서에 번쩍 했다. 그러자 그녀의 그곳으로 노루가 뛰어들고 사슴이 뛰어들고 꿩이 날아들었다. 범과 곰과 토끼와 여우까지도 다 뛰어들었다.

그래서 이번에는 남자가 그녀의 앞문을 지키며 뛰어나오는 길짐승이며 날짐승들을 거시기로 하나하나 때려잡았다. 이윽고 잡은 짐승이 산더미를 이루었다.

맨 나중엔 초췌하게 젖은 영감이 어깨에 엽총을 메고 나왔다. 그러자 남자가 괘씸하게 여기고 물었다.

"영감은 왜 남의 굴로 들어왔죠?"

"하늘에 번쩍번쩍 번개가 치니 비를 맞을까 봐 귀틀집인 줄 알고 들어왔수다."

영감의 말에 남자는 어이가 없어 할말을 잃었다.

1125

·

녹용값

남편이 너무도 허약해서 아내가 녹용을 사다가 달여 주었다. 그러자 녹용을 달여 먹은 남편이 자꾸만 거시기가 동해서 아내에게 달려들었다.

"이러시면 녹용을 쓴 보람이 없어요. 한 달만 참으세요."

남편이 끝내 참지 못하고 외도를 했다. 이것을 눈치챈 아내가 남편의 뒤를 밟아 바람둥이 계집을 붙잡았다. 그리고는 다짜고짜로 윽박질렀다.

"이 간나새끼 녹용값 내놔."

"나 언제 녹용을 사 줬어? 생사람 잡지 말어."

"나도 아까워서 먹지 않던 녹용을 네년 거시기가 뺏아갔잖아 이년아. 삼천 원 내놔."

아내가 끈질기게 늘어져 끝내 녹용값을 받아냈다. 그 후로는 아내가 밤에 잘 때면 노끈으로 남편의 팔목을 매서 자기 허리춤에 찼다고 한다.

1126

·

거시기로 북을 친 스님

여자들을 멀리한다는 스님들이 과연 어떠한지를 알아보려고 그들을 벌거벗겨서 한 줄로 세워 놓았다. 그들의 거시기 앞에는 작은 북을 하나씩 달아매 놓았다. 그리고는 실오라기 하나 걸치지 않은 여자를 그 앞으로 걸어가게 했다.

여자가 한 발자국 떼니 첫 번째 스님의 북이 '둥' 하고 울렸다. 거시기가 북을 친 것이었다. 그리고 여자가 두 발자국 옮기니 두 번째 스님의 북이 '둥' 하고 울렸다. 이어 여자가 계속 걸어가자 북이 '둥둥둥' 하고 연이어 울렸다.

그런데 맨 나중에 서 있는 주지의 북이 울리지 않았다. 그래서,

'음, 주지야말로 진 짜로구나.'

하고 생각하며 들여다 보니 주지의 거시기가 어찌나 세게 북을 쳤 던지 소리가 날 사이 도 없이 북을 꿰지르 고 있었다.

대단한 정력가의 주 지였던 것 같다.

1127

불벼락 맞은 김삿갓

김삿갓이 길을 가다가 한 여자가 버리는 구정물 벼락을 맞았다. 그래서 그가 마구 욕을 퍼부었다.

"그년 싸기두 싸다."

그러자 여자가 제꺽 받아넘겼다.

"그 자식 금방 쌌는데 벌써 걸어가네."

1128

·

눈에 가시가 든 바보 총각

총각들이 몇몇 모여서 한 바보 총각을 놀려주고 있었다.

"얘, 너 저기 김매는 처녀하고 입맞출 자신 있니?"

"있잖구."

"그럼 어디 한번 구경 좀 해 보자꾸나."

"내가 가서 입맞추면 얼마 줄 거야?"

"열 냥 주마."

그러자 바보 총각이 김매는 처녀에게로 달려가며 소리를 질렀다.

"아이고 눈이야. 가시가 들어갔나 봐. 아이고 아파라."

그러자 딸과 같이 김을 매던 노인이 딸의 등을 밀며 말했다.

"네가 가서 얼른 봐 줘라."

"어머니가 가 보세요."

"난 눈이 어두워 안 된다."

그래서 처녀가 하는 수 없이 총각의 눈을 들여다보았다.

이때 바보 총각이 덥석 처녀의 두 귀를 붙잡고 입을 쪽 맞추고는 달아났다.

총각들이 바보 총각에게 돈을 줬는지 안 줬는지는 모르겠지만 눈요기는 충분히 했을 것이다.

1129

·

바람 피우다 송사에 걸려든 남녀

한 남자와 한 여자가 바람을 피우다가 송사에 걸려들었다. 그러자 여자가 남자에게 책임을 덮어씌우느라고 변명을 해댔다.

“꿀을 먹으면 혀가 단맛을 아는 것이지 입이 단맛을 압니까?”
그러자 이번에는 남자가 변명을 했다.
“귀후비개로 귀를 후비면 귀가 시원하지 귀후비개가 시원해 하
는 겁니까?”

1130
·

외상 놀음

남몰래 몸을 파는 여자가 있었다.
어느 날 한 남자가 찾아가서 돈은 며칠 후에 주기로 하고 외상놀음을 했다. 그런데 한 달이 지나도록 소식이 없자, 그녀가 남자를 찾아가 문턱을 딛고 두 눈을 부릅떴다. 그런데 그 남자의 아내와 아이들이 있어서 그저 이렇게 소리만 질렀다.
“쓰상나유빠이깐디(世上那有白干的) ; 세상에 공짜가 어디 있어).”
그러자 아내가 알아듣질 못하고 남편에게 물었다.
“공짜라니요? 당신이 공짜로 가져온 게 어디 있어요?”
“일이 그렇게 됐어.”
하고 남편이 어물쩍하게 넘겼다.

1131

수 염

한 친구가 수염이 나지 않아 골치를 앓고 있었다.

"이보게, 자네 참으로 안됐네. 수염이 없으니 남들이 고자로 보지 않겠나?"

"그렇다고 별수 있나."

"내가 한 가지 방법을 생각해 냈네."

"뭔가?"

"자네 거시기 있잖나. 거기에 수염과 비슷한 그걸 뽑아다가 코밑에 붙이게."

"내가 왜 진작에 그런 생각을 못했지? 그럴법하네."

친구가 기뻐하며 병원으로 가서 거시기의 털을 뽑아 코밑에 이식했다.

그런데 며칠이 지나자 친구가 찾아왔다.

"안 되겠어."

"왜?"

"보게, 그걸 코밑에 달았더니 여자만 보면 코가 뻣뻣해지고 코밑에서 호르몬이 흐른단 말야."

"이보게, 그럼 자네 아내 음모를 뽑아다가 아래턱에 붙이게. 그럼 자네 코가 마음을 놓고 다른 여자를 넘보지 않을 것 아닌가."

"참 그렇군. 자네 머리는 참 비상하단 말야."

그래서 친구가 이번에는 아래턱에다 아내의 음모를 뽑아다 붙였다. 그러자 한 달이 되니 달거리가 와서 입에서 월경이 나오는 것이었다. 친구는 하는 수 없이 거시기 털을 다 뜯어버리고 보기 싫은 대로 지냈다.

1132
·
수탉과 암탉

점심때가 되자 수탉이 암탉 생각이 나서 길게 목청을 뽑았다.
"꼬끼요- 꼬끼요-"
수탉이 얼마나 생각이 간절했으면 저런 대낮에 부끄러운 줄도
모르고 소릴 지르는 걸까.
그때 한 암탉이 몸을 옹송그리며 중얼거렸다.
"꽂겠으면 꽂을 게고 말겠으면 말 게지. 꽂고프면 꽂을 게고 말
겠으면 말게지 꼬꼬꼬꼬……."
'이건 꽂으라는 말과 같다.'
이렇게 생각한 수탉이 암탉을 올라탔다. 뒤를 따라가던 병아리
들이 보니 수탉이 어미닭을 깔고 앉았는지라 소리를 질렀다.
"빼오 빼오- 엄마 아파한다. 빼오 빼오 빼오……."
이에 수탉이 질겁을 하고 달아났다.

1133
·
고구마인 줄 알고

한 여자가 시장에서 삶은 고구마를 사가지고 버스에 올라탔다.
그런데 고구마를 앞에 들고 있자니 사람들이 어찌나 미는지 부서
질까 봐 등뒤로 가져갔다. 그러자 장난꾸러기 아이들이 그 고구마
를 몰래 꺼내 먹어 버렸다.
얼마 후 그녀는 고구마가 그대로 있겠지 하고 다른 손으로 더듬
어 보다가 손에 만져지는 걸 틀어잡았다.
버스정류소에 이르자 뒤에 있던 남자가 말했다.
"아줌마, 이젠 내가 내릴 때가 됐으니 제발 이걸 놓아 주시죠."

그 여자는 그 남자의 거시기를 고구마인 줄 알고 쥐고 있었던
것이다.

1134
·
기둥 무너질라

방귀를 잘 뀌는 여자가 시집을 가게 되었는데 친정어머니가 부
모 앞에서는 함부로 방귀를 뀌지 말라고 신신당부를 했다. 그래서
나오는 방귀를 참고 있자니 힘이 들었는지 얼굴이 노랗게 되었다.
어느 날 이를 본 시아버지가 며느리에게 물었다.
"며늘애기야, 어디가 아프냐. 얼굴이 왜 그 모양이냐?"
그러자 며느리가 솔직히 털어놓았다.
"여쭙기 황송합
니다만 방귀를 뀌
지 못해서 속에
불이 날 지경입니
다."
이에 시아버지
가 말했다.
"그럼 오늘부터
는 맘놓고 뀌거
라."

그 말에 며느리가 반가운 듯 말했다.
"그럼 아버님, 어서 기둥을 붙잡으세요. 기둥이 무너지면 어쩝니
까?"
"그러지, 기둥을 붙잡았으니 어서 뀌거라."
시아버지의 말이 끝나기가 바쁘게 며느리가 방귀를 뀌기 시작했

다. 처음에는 '붕 붕 붕' 소리를 내더니 점차 소리가 커져서 '뿡 빵 뿡 빵' 하고 끝날 줄을 몰랐다.

그러자 시아버지가 물었다.

"애 아가, 이젠 다 됐느냐?"

"아직 멀었는걸요."

며느리는 계속 방귀를 뀌고 시아버지는 계속 독촉을 했다. 그런데 독촉을 하던 시아버지가 더 이상 묻지 않기에 며느리가 뒤돌아보니 시아버지가 기절해 있었다.

그래서 며느리가 부랴부랴 좁쌀 미음을 쒀서 드렸더니 마침내 시아버지가 정신을 차렸다.

그 이후부터는 며느리가 맘놓고 방귀를 뀌었다.

어느 하루는 아침에 밥상을 들고 들어가던 며느리가 '뿡─' 하고 방귀를 뀌자 시아버지가 화들짝 놀라며 물었다.

"이게 무슨 소린가?"

"저의 아랫입이 히죽 웃는 소리랍니다."

며느리의 대답에 시아버지가 말했다.

"그러게, 내 거시기가 꺽뚤하더라구."

1135

이마에 박힌 까래가시

어떤 총각이 여관에서 자다가 남자의 회춘물을 흘려 놓고 갔다. 그러자 여관집 주인 과부가 그걸 보고 중얼거렸다.

"에그 아까워라."

하고는 곰방술로 까래(노전)에 새어든 것을 빡빡 긁어다가 자기한테 흘려 넣었다.

그러자 주인 과부가 임신을 해서 열 달 만에 아이를 낳았다. 그런데 아이를 자세히 살펴보니 이마에 까래가시가 하나 붙어 있는 것이었다.

1136
·

모든 것은 모내기 전선에로

대약진 속도전 때문에 도무지 아내와 한품에 들 겨를이 없었다. 즉 낮에는 모내기 전선으로 나가고 밤이면 회의하러 가거나 그렇지 않으면 땅굴을 파러 가야 했다.

그러던 어느 날 어쩌다 둘이 함께 모내기를 하게 되었다. 그래서 남들이 허리를 구부리고 모를 내고 있는 기회를 틈타 슬쩍 그 일을 치르는 수밖에 없었다. 그래서 아내를 끌고 밭머리 풀숲으로 나갔다. 그리고는 사설이 실린 신문지를 펴놓고 재빨리 그 일을 치렀다.

그런 후 열 달 만에 아내가 아이를 낳았는데 아이의 엉덩이에 이런 큰 글자가 새겨져 있었다.

'모든 것은 모내기 전선에로.'

1137
·

여자 뱃사공

여자 뱃사공이 모는 배에 남자 손님이 앉아서 수작을 걸었다.
"당신 배에 내가 앉았으니 내가 당신에게 뭐가 되지?"
여자 뱃사공은 히죽이 웃기만 했다.
배가 강가에 이르자 남자 손님이 배에서 내렸다.
그러자 여자 뱃사공이 말했다.

"손님, 내 뱃속에서 빠져 나갔으니 손님은 내게 뭐가 되지요?"
그 말에 남자 손님은 한 대 얻어맞은 기분이었다.

1138

낚시 바늘에 걸린 아들

아들며느리가 부모와 한집에 있으니 불편한 점이 한두 가지가
아니었다. 식구는 많고 방은 비좁고, 게다가 여름에는 덥기까지
해서 도무지 말이 아니었다. 그래서 아들이 처를 데리고 강변 수
풀 속에 들어가 그 일을 하고 있었다.
　이때 아버지가 낚싯대를 메고 고기잡이를 나갔다. 낚시찌가 움
직이자 잡아챘는데 고기는 물리지 않고 낚싯대가 뒤에 가서 아들
의 옷자락에 걸렸다.
　"애 이놈, 너 거기서 무슨 짓이냐?"
　"애 아버지, 어쩌랍니까? 빼랍니까?"
　아버지가 생각해 보니 아들이 가긍한지라 너그러이 말했다.
　"애, 말이 그렇단 말이다. 이 삼복철에 쉽지 않게 넣은 걸 어찌
빼겠냐. 낚시나 어서 벗겨다오."

1139

암탉과 낚시질

낚시꾼이 양어장에서 낚시질을 하고 있었다. 낚시바늘에다 삶은
옥수수 알을 꿰서 물에 집어넣으려고 낚싯대를 한껏 뒤로 가져갔
다가 앞으로 뿌렸는데, 어떻게 된 일인지 뒤에서 뭔가 낚싯줄을
잡아당기는 것이었다.

돌아보니 암탉 한 마리가 낚시바늘에 꿴 옥수수알을 물고 있었다. 그러더니 암탉이 아파서 푸드덕거리며 '꼬꼬댁 -꼬꼬댁'을 불러대는 것이었다.

이때 수탉이 이 모양을 보고 암탉이 그것이 생각나서 푸드덕거리는 줄 알고 제꺽 올라탔다. 암탉은 낚시를 물고 죽을 지경으로 아프다는데 수탉은 제 좋은 짓만 하고 있었다.

그래서 낚시꾼이 어쩔 수 없이 낚싯줄을 늦추어 주었다.

우리 인간 사회에서도 이와 비슷한 일이 없지 않을 것이다.

1140

자궁 속에서 병아리가 된 달걀

한 나이 든 처녀가 몸이 근질근질해서 참지를 못하고 달걀을 가지고 장난을 하다가 그 달걀이 그만 잘못하여 하신으로 들어가 버렸다. 그래서 부끄러워 말도 못하고 있다가 동네에서 바보 취급을 받는 한 총각을 불렀다.

"애, 네가 소문을 내지 않고 내 속의 달걀을 꺼내주면 너에게 내 몸을 맡길께."

"정말이야?"

"정말이지 않구. 언제 내가 헛말 하는 거 봤니?"

"그럼 좋아. 어서 두 다리를 벌려 봐."

바보 총각은 그녀의 그곳에다

대고 '쥐-쥐, 쥐 쥐' 하고 병아리를 불렀다. 그러자 아닌게 아니라 병아리 한 마리가 쫀드르르 달려 나왔다. 따뜻한 그 속에서 벌써 병아리가 생긴 것이었다.

할 일을 다한 총각이 약속받은 대로 처녀를 끌어안았다.

처녀가 총각을 밀치며 말했다.

"그만둬. 너 같은 바보는 싫어."

이에 화가 난 총각이,

"독수리야 우쉬-."

하자 병아리가 다시 처녀의 그곳으로 쫀드르르 달려 들어가 버렸다.

1141

·

쌍둥이

한 어머니가 쌍둥이를 임신했다. 쌍둥이는 뱃속에서 다정하게 이야기를 나누었다.

"애, 난 엄마가 제일 좋아. 늘 우리를 따뜻이 안아 주고 있으니깐."

그러자 다른 아이가 또 말했다.

"난 아빠가 좋아. 가끔씩 우릴 보러 들어오니깐."

"아빠가 뭐가 좋니? 들어와서는 코만 힝 풀어 놓고 가는데."

쌍둥이지만 이렇게 받아들이고 생각하는 것이 달랐다.

1142

·

요 강

　어떤 남자가 나이 어린 여자를 아내로 맞아들이자 너무 이뻐서
어쩔 줄을 몰라했다. 그래서 세수도 시켜 주고 밥도 떠넣어 주고
밤에는 안고 오줌도 누이고 했다. 그러자 습관이 사람을 잡는다고
아내가 나이 들어도 남편에게 응석을 부리는 것이었다.

　그녀는 밤중에 꼭 한 번씩 소변을 보는 습관이 있는데 그럴 때
마다 남편이 아내를 안고 요강에 오줌을 누이곤 했다. 그녀의 남
편은 그것이 또한 기쁨이자 즐거움이기도 했다.

　여느 때와 마찬가지로 그녀가 밤중에 또 소변을 보기 위해 일어
났다. 그래서 남편이 아내의 두 다리를 벌려 주며 말했다.

　"자, 어서 오줌을 누라구. 난 졸려 죽겠단 말이야."

　그런데 그녀가 웬일인지 오줌이 인차 나오지 않는 모양이었다.
그래서 남편이 아내를 무릎 위에 앉히고 '쉬-쉬-' 하고 아이에게
오줌 누이듯 했다.

　이때 도적이 들어와 마루장 밑에 숨어 있다가 이 광경을 보고는
참지 못하고 낄낄 웃음을 터뜨렸다. 도적의 웃음 소리에 남편이
깜짝 놀라 아내를 요강에 떨어뜨리고 말았다.

　그래서 요강이 박살나고 말았다.

1143

·

바보 아내

　좀 바보스러운 아내가 옷을 잘 지을 줄 몰라서 늘 남편의 옷고
름을 제대로 달지 못했다. 그래서 남편이 옷을 입을 때마다 아내
를 꾸짖곤 했다. 이에 생각다 못한 아내가 궁리 끝에 남편의 옷

뒤 잔등에다 옷고름을 달아 주었다.
　어느 날 남편이 옷을 입고 옷고름을 매려고 보니 옷 뒤 잔등에 붙어 있는 것이었다.
　남편은 하도 어이가 없어서 허허 웃고 말았다.
　그러자 바보 아내가 흡족해 하며 말했다.
　"히히…… 옷고름을 잘못 달아 줄 때는 욕만 하더니 잘 달아주니간 좋아서 웃네."

1144
·

세 다리와 두 입

　중년의 내외가 길을 가고 있었다. 남편이 들썽거리며 걸음이 빠르자 아내가 뒤를 따라가며 쫑알거렸다.
　"아이구 참, 다리가 세 개라고 우줄렁거리며 빨리도 가네요."
　그러자 남편이 대꾸했다.
　"쩌쩌, 입이 두 개라고 잔소리도 많구먼."
　중년 부부는 서로 핀잔을 하며 걸어갔다.

1145
·

하신으로 기어 들어간 가재

　어떤 여자가 강에 나가 빨래를 하고 있는데 가재가 그녀의 하신에 기어들어가 그곳을 발로 꼭 집었다. 이에 깜짝 놀란 그녀가,
　"사람 살려요!"
하고 소리를 질렀다. 그러자 맨 먼저 시아버지가 달려왔다. 그리고는 며느리의 그곳을 들여다보는데 이번에는 가재가 다른 발로

시아버지의 입술을 꼭 집었다. 그러더니 한사코 놓지 않는 것이었다. 그래서 마침내 아들이 달려왔다. 아들은 급한 김에 가재를 힘껏 잡아챘다. 그러자 그녀의 하신 살점과 시아버지의 입술 살점이 떨어지고 말았다. 그래서 아들이 즉시 그 살점을 가져다 붙인다는 것이

바꾸어 붙여 놓았다. 즉 시아버지의 입술의 살점을 그녀의 하신에 붙여 버린 것이다.

그래서 시아버지는 숨을 들이쉬고 내쉴 때마다 냄새가 끊이지 않아 한참을 괴로움에 시달렸다.

1146

·

닭굴에서

새벽이 되자 암탉이 달걀을 낳아 놓고는 요란스럽게 울어댔다. 그러자 여주인이 잠자리에서 미처 속옷도 입지 못하고 치마만 두르고 달려나가 닭굴에 머리를 들이밀었다. 그러자 궁둥이가 다 드러나 보였다.

이때 지나가던 사람이 그 궁둥이를 보고 참을 수가 없었는지 들러붙고 말았다.

그 사람은 번개같이 일을 끝내고 바람같이 사라졌다. 그래서 이 안건은 지금까지도 파안하지 못했다.

아무리 바빠도 속옷은 입고 바깥 출입을 해야 망신을 당하지 않는다.

1147

·

장인과 장모

사위가 아내를 데리고 처가로 갔다. 그러자 장인과 장모가 젊은 사람들이 늘 한품에 들면 몸이 허약해진다고 밤에는 사위와 딸을 갈라 눕히고 그 사이에 누워 잤다.

밤중에 사위가 아내 생각이 나서 벌거벗은 몸으로 벌벌 기어갔다. 그래서 거시기가 장인의 입을 쓱 스쳐갔다.

'음 노엽군. 저놈이 제자리로 돌아갈 때 또 그 모양일 테지.'

이렇게 생각한 장인이 자기 아내를 툭툭 건드려 깨워서는 둘 다 머리를 발치에 두고 돌아누웠다.

이윽고 사위가 일을 마치고는 생각했다.

'아까는 장인과 장모님께 미안하게 됐으니까 이번에는 발치켠으로 돌아가야지.'

이리하여 사위의 거시기가 다시 한번 장인과 장모의 입을 스쳐갔다.

1148

·

말 한마디로 장가든 총각

한 총각이 마음에 드는 처녀에게 청혼했으나 대답을 듣지 못했다. 그래서 총각이 처녀가 집에 혼자 있을 때 몰래 가서 문을 열고는 '씹' 하고 한마디를 하고는 가 버렸다. 매일 이렇게 되풀이

하자 처녀의 부모가,
"그놈이 와서 매일 뭘하고 갔노?"
하고 따져 물었다.
"매일 와서는 '씹' 하고 갔어요."
딸의 대답에 부모는 깜짝 놀라며 야단법석이었다.
"뭘? 씹하고 갔다고?"
그래서 부모가 이젠 할 수 없다며 딸을 총각에게 주고 말았다.

1149

장인의 코와 시아버지의 수염

장인의 코가 빨갛자 사위가 장인을 보고 말했다.
"장인어른, 빨간 코가 보기에 구차합니다."
"그러니 별수 있나."
"저에게 묘방이 있긴 한데요."
"그래, 그럼 어서 말해 보게나."
겨울에 창문에다 구멍을 내고 매일 코끝에 침을 발라서 그 창
구멍으로 내보내세요. 그러면 처음엔 코가 커졌다가 차츰 작아지
면서 빨간 코가 없어질 겁니다."
"그것 참 그럴 법하네."
장인은 매일 사위가 시킨 대로 했다. 그래서 코가 얼어서 주먹
코가 됐는데도 그냥 계속 견지했다.
딸이 이 사실을 알고 시아버님께 말씀드렸다.
"아버님, 수염이 없으니 얼마나 난처하세요?"
"그렇다고 별수 있나?"
"저에게 한 묘방이 있는데요."
"그래, 어서 말해 봐라."

"여쭙기 어려워서요."

"미안해 말고 어서 말해 봐."

"거 말 거시기가 있지 않습니까. 그걸 떼다가 침을 발라가지고 입 가장자리를 문지르면 된답니다."

시아버지가 며느리의 말대로 말의 거시기를 얻어 침을 발라서 눈을 부릅뜨고는 정성스럽게 입 가장자리를 문질렀다. 그러자 그것이 미끄러워 입안으로 쑥 들어가곤 했다.

이를 본 아들이 아내에게 화를 내며 말했다.

"당신, 왜 우리 아버지를 망신 줬어?"

"그럼 당신은 왜 우리 아버지를 욕보게 했어요?"

"내겐 도리가 있어서 그랬지."

"무슨 도린지 말씀해 봐요."

"내 거시기는 말야, 더우면 늘어나고 추우면 쫄아들거든. 그러니 코도 차가우면 쫄아들 게 아닌가. 그와 같은 도리지."

그러자 아내가 말했다.

"내게도 도리가 있어서 그렇지요."

"무슨 도리? 말해 봐."

"나 당신께 시집올 땐 너무 어려서 그곳에 털이 없었어요. 그런데 당신이 매일 문질러 주니 털이 난 거잖아요. 그와 같은 도리 아니에요?"

아내의 말에 남편은 어이가 없었다.

1150
·
개

사위가 처가로 가서 저녁을 먹고 자는데 배가 출출해 왔다. 그래서 저녁에 먹었던 쇠고기 장조림이 생각나서 정주간으로 몰래

들어갔다. 그리고는 이것저것 더듬는데 갑자기 그릇이 떨어져 쟁그렁 하고 소리가 났다. 그러자,

"도둑이야!"

하고 장인이 뛰어나와 사위를 붙잡았다.

"애야, 얼른 불을 켜라. 도둑놈 좀 보자."

그러자 딸이 화로에 물을 치고는 훌훌 불며 말했다.

"아버지, 불이 붙지 않아요. 제가 가서 붙잡고 있을 테니 아버지가 불을 켜세요."

"그럼 네가 와서 붙잡아라."

딸이 가서 남편을 빼돌리고는 부엌의 개꼬리를 쥐고 있었다.

장인이 불을 켜들고 와 보니 개가 있을 뿐이었다.

"아버지도, 개를 가지고 그러세요?"

딸의 말에 장인이 어리둥절해 하며 말했다.

"음, 개가 사람인 체했던 모양이구나."

1151
·

꿀단지

시아버지가 늘 꿀단지를 꺼내 먹고는 밀봉을 한 후 수염을 찍어 표식을 해 놓곤 했다.

그러자 며느리들이 꿀을 먹고 싶어 야단이었다.

작은동서가 먼저 말을 꺼냈다.

"아버님 꿀을 몰래 훔쳐먹어 볼까요?"

"늘 표식을 해 놓는데 어떻게 먹어?"

하고 맏동서가 말했다.

"내게 방법이 있어요."

그래서 작은동서가 꿀단지를 열고 둘이서 꿀을 죄다 먹어 버렸

다. 그리고는 다시 밀봉을 해 놓고 작은동서가 자기의 음모로 꾹 찍어 놓았다.

시아버지가 돌아와 꿀단지를 갖다 놓고 수염을 대 보더니 말했다.

"허, 내 수염은 가로 찍힌 건데 이건 왜 세로로 찍혀 있는고?"

하고 두 눈을 휘둥그렇게 떴다.

1152

반찬 단지

명태 장사가 지나가면서 소리를 질렀다.

"앞을 주면 넉 드럼이요, 뒤를 주면 석 드럼이요."

이 말을 듣고 할머니가 아마도 '앞'이나 '뒤'라는 건 그런 뜻이겠다 생각하고 나가서 말했다.

"앞을 줄 테니 넉 드럼 주소."

하고는 장사꾼에게 몸을 들이댔다.

그래서 할머니는 넉 드럼을 가져다가 맛있게 지져 놓았다.

영감이 한참 맛있게 먹고 있을 때 할머니가 자초지종을 이야기했다. 그러자 영감이 밥상을 물리고 나서 대통으로 할머니의 그곳을 톡톡 두드리며,

“요게 이젠 내 반찬 단지가 됐구나.”
하고 히죽거렸다.

1153
·
‘요기’와 ‘고기’

개를 잡아 놓고 대접하려고 사돈 영감을 불렀다. 사돈이 구들에
앉아 있는데 사돈 노인이 구들을 어루만지며 말했다.
“개를 앉혀 놓고 불을 땠더니 뜨뜻합꾸마.”
그러자 사돈 영감이,
“음, 나 원 노여워서.”
하고 혼잣소리를 하며 일어나 집으로 돌아가려고 신을 찾아 신었
다.
그러자 사돈 노인이 미안해서 두 손을 하신에 갖다대고 말했다.
“요기도 못하고 어찌 가겠습둥.”
요기란 시장기를 던다는 뜻이기도 하고 여기라는 뜻이기도 하
다.
사돈 영감이 그 말을 듣고는 말했다.
“고기(거기)를 준다면 또 오겠수다.”

1154
·
감

사위가 처가로 놀러 가서 뜨락에 들어서니 감나무에 감이 가득
열려 있었다. 그래서 혼잣소리를 했다.
“오늘은 감을 좀 먹겠구나.”

그런데 처가에서는 누구도 감을 따다 주지 않았다.

저녁이 되어 옷을 홀랑 벗고 누웠으나 감이 먹고 싶어 잠이 오지 않았다. 그래서 한밤중에 알몸으로 몰래 나가 감나무에 기어 올라갔다.

그때 문득 장인이 사위에게 감을 맛보이고 싶은 생각이 났다. 그래서 밖으로 나가 작대기를 들고 감나무를 쳐다보니 별나게 생긴 감이 달려 있어 작대기로 살짝 쳐 봤다. 그러자 좌우로 약간 흔들릴 뿐 몇 번을 쳤으나 떨어지지 않았다. 그래서 쇠스랑으로 걸어서 당겨 보았다. 이에 사위가 너무 아파서 이를 악물고 참다가 똥물을 찔끔 갈기고 오줌까지 쌌다.

그러자 똥과 오줌벼락을 맞은 장인이,

"음, 감이 벌써 썩어서 구린내가 나는데다 소낙비까지 퍼붓는군."

하고 중얼거렸다.

1155

귀머거리 제 좋은 소리

귀머거리 영감이 삿갓을 하나 사서 머리에 쓰고 보니 사돈 영감에게 자랑하고 싶어졌다. 그래서 사돈 영감이 한창 저녁상을 받고 있는데 귀머거리 영감이 문 밖에서 서성거렸다.

"사돈님, 어서 들어오슈."

하고 사돈영감이 말하자,

"예, 저녁은 먹고 왔수다."

하고 귀머거리 영감이 엉뚱하게 대답했다. 그래서,

"어서 구들로 올라오슈."

하고 재차 권했더니,

“예? 이 삿갓값을 물으시우? 아주 비싼 거지유.”
하고는 귀머거리 영감이 삿갓을 훌렁 벗어 사돈 영감의 코앞에 들이댔다. 사돈 영감은 어이가 없어서,
“음, 귀머거리 제 좋은 소리 하는군.”
하고 중얼거리자 귀머거리 영감이,
“제 좋은 게 아니면 쓰고 다니겠수?”
하고 한마디 더 하는 것이었다.

1156

세 사위

옛날에는 남자와 여자가 서로 보지 못한 상태에서 혼사를 맺었다. 그래서 딸이 시집가는 날에야 겨우 사위의 눈과 코가 어디에 붙었는지 볼 수 있었다.

어느 마을에 딸 셋을 가진 영감이 세 딸을 한꺼번에 시집보내게 되어 동시에 사위 셋을 얻게 되었다. 그래서 세 사위가 같은 날에 다같이 말을 타고 왔다.

맏사위가 말에서 내려 걷는 걸 보니 절름발이였다. 그는 절룩거리면서 한쪽 발로 동그라미를 그리며 왔다.

이번엔 둘째사위가 말에서 내리는데 그 역시 절름발이였다. 그는 맏사위가 그린 동그라미 안에다

점을 뚝뚝 찍으며 왔다.

마지막으로 셋째사위가 말에서 내리는데 역시 절름발이였다. 그런데 셋째사위가 보니 동그라미마다 점을 찍은 것이 보기에 무척 얼굴이 뜨거웠다. 그래서,

"에잇 보기 싫다."

하고 한쪽 발을 질질 끌면서 그걸 죄다 지워 버렸다.

1157

외동딸

어떤 집에 외동딸이 있었는데 딸의 아버지가 총각들을 볼 때마다 딸을 주겠다고 말하곤 했다.

"자네 우리집 지붕을 좀 손질해 주게. 그럼 내 딸을 주겠네."

이 말에 혹하여 총각이 그 집 지붕을 정성껏 잘 얹어 주었다. 그러자 또,

"자네 우리 밭 기음을 매 주면 딸을 주겠네."

하는 것이었다. 그래서 또 그 집의 많은 밭의 기음을 다 매 주었다. 그런데 가을이 되자 딸의 아버지가 또 다른 젊은이를 보고 말했다.

"자네 우리집 곡식을 실어 주면 내 딸을 주겠네."

그래서 그 사람이 곡식을 죄다 실어 왔다.

그러던 어느 날 갑자기 딸의 아버지가 앓아 눕게 되었다. 그래서 의사를 불러서,

"내 병을 고쳐 주면 내 딸을 주겠네."

하자 의사가 그의 병을 고쳐 주었다.

그런데 한번은 네 사람이 동시에 찾아와서 딸을 달라고 졸라댔다. 그러자 딸의 아버지는 입장이 난처해서 꿀먹은 벙어리가 되고

말았다. 그제야 네 사람이 다 속은 줄을 알게 되었다.

이 추문이 돌자 딸의 신세가 가련하게 되었다. 결국엔 딸을 주겠다고 해도 믿는 사람이 없었다.

그래서 아끼던 외동딸이 노처녀로 늙을 수밖에 없었다.

1158
·

대팻날

사위가 처가에 가서 체면을 차리다가 배를 쫄쫄 곯게 되었다. 밤중이 되자 배가 고파서 도무지 잠이 오지 않았다.

그래서 벌거벗은 채로 엉금엉금 기어 정주간으로 내려가 시렁을 더듬었다. 그런데 장인이 그날 낮에 선뜩선뜩하게 갈아 놓은 대팻날을 시렁에 얹어 두었는데 그것이 뚝 떨어지며 사위의 코를 내리치고 거시기를 내리쳤다. 그래서,

"아차, 큰일났구나."

하고 사위가 제꺽제꺽 주워다 붙인다는 것이 바꾸어 붙여 놓았다. 즉 거시기를 코에다 붙이고 코를 거시기에 붙여 놓은 것이다. 그래서 밤이면 잘 때에 아랫도리에서 코고는 소리가 나고 오줌을 누면 오줌이 두 줄기로 나왔다. 그리고 낮에 길을 가다가 여자를 만나면 코가 꼿꼿이 일어서는 것이었다.

1159
·

내놓소

소리(노래)를 잘하는 사위가 처가로 놀러갔다. 그러자 처가의 사람들이 사위의 노래를 듣고 싶어했다. 그래서 장모가 말했다.

"사위, 좀 내놓게나. 한번 들어 보세."
이에 사위가 거침없이 말했다.
"내놓으라면 내놓지 못할 줄 압니까?"
하더니 거시기를 제꺽 꺼내 놓고는 장모를 보고 말했다.
"자, 들어 보십시오. 얼마나 무거운가."

1160
·
아들 낳는 비결

아내가 딸만 줄줄이 낳고 아들을 낳지 못하자 남편이 은근히 불만스러워했다.
그러던 어느 날 친구가 찾아와서 그 비법을 알려 주었다.
"일을 치르고 나서 인차 오른손으로 아내의 그곳을 막아 주면 아들을 낳을 수 있다네."
남편이 그 말을 곧이듣고 그대로 하자 아내가 궁금해서 물었다.
"왜 손으로 막아요?"
"이렇게 하면 아들이 생긴대."
남편의 말에 아내가 키득거렸다. 그 말을 믿는 남편의 행실이 우스워 마냥 키득거리다가 그만 방귀를 뽕 하고 뀌어 버렸다.
그러자 남편이 화를 내며 말했다.
"제기랄, 한 구멍 막으니 다른 구멍이 터지는구나."

1161
·
어찌 고치오

남편이 산에 가서 땔나무를 해갖고 돌아오다가 꿩이 날아가는 것을 보고 도끼와 낫을 뿌렸으나 꿩은 잡지 못하고 도끼와 낫만 잃어버렸다. 그런데 내를 건너다가 물고기가 욱실거리기에 옷을 벗어 개울물을 막고 고기를 잡다가 옷마저 잃어버렸다. 또 어두운 밤에 집으로 들어서다가 잠자는 아이를 밟아 죽여 버렸다. 그리곤 배가 고파서 시렁을 더듬다가 식칼이 떨어지는 바람에 거시기가 잘리고 말았다. 그래서 남편이 난감해 하다가 아내가 돌아오자 실 토정을 했다.

"여보, 꿩을 잡다가 도끼와 낫을 잃어버렸소."

"그럼 다시 사면 되지요. 뭘 그리 걱정해요."

"그런데 물고기를 잡다가 옷을 잃어버렸지 뭐요."

"옷도 다시 지으면 되지요 뭘."

"그게 문제가 아니라 집으로 들어서다가 아이를 밟아 죽여 버렸단 말이오."

"네? 아, 아이야 다시 낳으면 되지요 뭘."

아내가 듣고 있자니 갈수록 태산이었다. 잠시 후 남편이 또 말을 이었다.

"밥을 먹자고 시렁을 더듬다가 식칼이 떨어져 거시기를 잃었지 뭐요."

"뭐, 뭐요? 에그, 이젠 망했다. 그걸 어찌 고친단 말이오."

하고는 떠나가 버렸다.

1162
·
네가 무슨 죄

아내가 종종 쫑알쫑알 말대꾸하는 것이 괘씸해서 남편이 주먹으로 치고 발로 차고 했다. 그러다가 밤이 되자 남편은 욕정이 솟구쳐 올랐다. 그러나 아내에게 다가들기가 미안했다.

그래서 남편이 슬그머니 발을 들이밀어 아내를 시험해 보았다. 그러자 아내가 발로 냅다 차 버렸다.

"낮에 나를 차던 발 꼴도 보기 싫어욧!"

그래서 이번에는 슬그머니 팔을 아내의 젖가슴에 얹어 보았다.

"치워요. 나를 치던 팔 저리 치워요."

남편은 에라 모르겠다 하고 거시기를 가져가 댔다. 그러자 그제야 아내가 그걸 덥썩 잡아 쥐는 것이었다. 그리고는 중얼거렸다.

"에그, 너야 무슨 죄가 있냐."

그래서 부부싸움은 칼로 물 베기라고 했던 것이다.

1163
·
칼자루와 작두

한 길손이 과부가 운영하는 여관집에 주숙하게 되었다. 그런데 홀로 밤을 보내려니 도무지 잠이 오지 않았다. 그래서 조용히 주인 과부를 불렀다.

"아줌마, 아무래도 안 되겠어요. 난 작두라도 안고 자야겠어요. 어디 작두가 없습니까?"

그러자 과부가 말했다.

"아이고 어쩌면 아저씨 마음과 내 마음이 그렇게도 꼭 같을까요. 난 칼자루라도 쥐고 자야겠어요."

그리하여 한 사람은 작두가 되고 한 사람은 칼자루가 되어 포근히 잠들게 되었다.

1164
·
미역 두 꼭지

미역 장사가 지나가면서 외쳤다.
"한 번 주면 한 꼭지요, 두 번 주면 두 꼭지요."
그러자 한 여인이 그 소리를 듣고 '옳지, 들었다 놓을 때마다 숫자를 세면 백 꼭지는 가질 수 있겠지'라고 생각하고 미역 장사를 불러들였다. 그리고는 한품에 들어서 셈을 세기 시작했다.
"미역 한 꼭지, 미역 두 꼭지, 세 꼭지, 네 꼭지……. 그렇게 한참을 세다가 그만 기분이 좋은 나머지 셈하는 것을 잊고서 '꼭지 꼭지' 하고 같은 말만 되풀이했다.
그러자 일이 끝난 뒤 미역 장사가 미역을 두 꼭지만 두고 갔다. 그러자 여자가 왜 두 꼭지만 주느냐고 따져 물으니 미역 장사가 말했다.
"꼭지 꼭지 하니 두 꼭지가 아닌가!"

1165
·
광 고

어떤 여인이 남편과의 성생활에서 늘 만족을 느끼지 못했다. 그래서 궁리 끝에 광고를 냈다.
'거시기가 크고 실한 남자는 나를 찾아오세요.'
그 광고를 본 한 남자가 그녀를 찾아왔다.

"내 것이 큽니다."
그래서 남자와 여자가 한품에 들었다. 그러자 여인이 어찌나 좋아하는지 연신 소리를 지르며 머리를 흔들어 댔다.
"에그 좋아, 에그 좋아, 에그그 좋아……."
그렇게 소리를 지르다가 그녀가 간간해졌다. 그래서 남자가 들여다보니 그녀의 입에 거품이 가득 고여 있었다.

깜짝 놀란 남자가 손으로 입술의 거품을 얼른 닦아 주었다. 그런데 알고 보니 그 거시기가 얼마나 컸는지 입으로 삐져 나온 것이었다.

1166

·

홀아비의 꾀

홀아비가 과부집에 가서 과부에게 말했다.
"5원을 줄 테니 손만 좀 만져 봅시다."
그러자 과부가 순순히 응했다.
"마음대로 하세요."
그래서 홀아비가 이튿날에는 백 원을 가지고 와서 유방을 한번

만져 보자고 했다.

과부는 그것도 응낙했다. 그러자 이번에는 천 원을 가지고 와서 하신을 만져 보자는 것이었다.

이에 과부가 속으로 '이건 간단한 문제가 아니라'고 생각했다. 그러나 입장만 견결하면 그 까짓것 만져만 보게 하고 천 원이 굴러 들어오는 일이니 그만둘 일이 뭔가 싶어 그것도 응낙했다.

마침내 홀아비가 그곳에 손을 집어넣었고 과부도 그다지 기분이 나쁘진 않았다. 그러다가 그만 흥분이 되어 과부가 몸부림을 쳐댔다.

"돈을 받지 않을 테니 그만두세요."

"안 돼요. 흥정은 이미 한 것이니 물리지 못하오."

마침내 흥분을 이기지 못한 과부가 홀아비를 끌어안았다.

"이러지 말아요. 난 만지기만 하는 거요."

하고 홀아비가 은근히 거절하자 과부가 애원하다시피 말했다.

"여태 받은 돈을 다 돌려줄 테니 한번만 안아 주세요."

그래서 홀아비는 교묘한 수법으로 실컷 재미를 보고 돈도 다 챙겨서 돌아갔다.

1167

·

낙식은 불식

잔칫상을 받고 앉은 신랑이 음식을 집다가 떨어지자 다시 주워 먹으려 했다. 그러자 이를 본 신부가 말리며 말했다.

"낙식은 불식이에요."

이 말에 모인 손님들이 신부가 대단히 유식하다고 칭찬이 자자했다.

어린 시누이가 이를 보고 '나도 시집을 갈 때 저런 말을 써먹어야겠다'고 생각했다.

그런데 몇 해가 지나자 그 말을 잊어버렸다. 그래서 생각하고 생각하던 끝에 겨우 생각해 냈다.

마침내 시집가는 날 시누이가 일부러 음식을 흘려 놓고 말했다.

"내 씹은 불씹이에요."

그러자 이 말에 손님들이 앙천대소하고 말았다.

1168
·
노랑두대가리의 변명

스무 살 먹은 처녀가 여섯 살 된 신랑에게 시집을 왔다. 이 노랑두대가리는 여물지 못해서 낮이면 밥을 입에 떠넣어 주어야 하고 밤이면 오줌을 뉘어 줘야 했다.

그런데 그 정도면 괜찮겠지만 이 꼬마 신랑이 자기 어머니가 오기만 하면 고발하는 것이었다.

"저게 밤이면 내 자지를 만져 본다."

"저게 내가 밥알을 흘린다고 눈을 흘긴다."

"저게 내가 밤에 오줌을 쌌다고 꼬집는다."

그러면 시어머니가 며느리를 마구 야단을 쳤다.

"나이가 어려도 남편은 남편이다. 남편을 공대하진 못할망정 어찌 그럴 수 있는가. 자네 배워먹지 못했네."

야단을 맞는 며느리는 노랑두대가리가 너무도 괘씸해서 시어머니가 잠깐 나간 사이에 그를 지붕 위에 올려놓고 밭으로 가 버렸다. 그래서 그가 진종일 굶고 말았다.

이때 시어머니가 돌아와서 깜짝 놀라며 물었다.

"너 왜 지붕 위에 올라갔냐?"

그러자 그가 아내를 두둔하며 말했다.

"나더러 여문 박을 골라 따라고 색시가 부탁했지 뭐요."

1169

·

맛 좀 봅시다

한 스님이 산 속에서 밤낮 책만 보다가 이런 글귀를 읽었다.

'육류 중에도 여자 하신이 천하 일미니라.'

스님은 도무지 이해가 되지 않았다. 그래서 '얼마나 맛이 있으면 천하 일미라 할까' 하고 곰방숟가락을 호주머니에 넣고 한번 맛을 봐야겠다고 결심하고 길을 떠났다.

한참 길을 가는데 남편의 3년 제를 지내고 오는 한 여인과 마주쳤다.

스님은 그녀를 보고 자기가 산중에서 여차여차한 글귀를 읽었는데 소승이 그 고기를 맛 좀 볼 수 없겠는가고 간청했다.

그러자 그녀는 3년 동안이나 홀몸으로 있었고 또 호젓한 산길이라 스스럼없이 치맛자락을 올리고 속옷을 훌렁 벗었다.

"스님, 마음대로 맛보세요."

그러자 스님이 호주머니에서 곰방숟가락을 꺼내 들고 그곳

을 파먹어 보는 것이었다. 그런데 이리 뚜지고 저리 파 보아도 나오는 게 없고 입에 가져다 맛을 보아도 별로 맛이 없자,

"음, 그것도 그저 그렇군그래."
하고 실망스러워했다.
　그녀가 보다 못해 스님을 꾸짖으며 가르쳐 주었다.
"이 고기야 어디 숟가락으로 먹는 겝니까? 아래 그 거시기로 먹
는 거지."
　그러자 스님이 와뜰 놀라며,
"에끼, 이 어지러운 놈을 어찌 그 깨끗한 반찬 그릇에 넣었다 꺼
냈다 하는고?"
하고는 끝내 먹어 보지 않고 황급히 떠나갔다.

1170

·

두 동서와 스님

　작은동서가 냇가에 나가 빨래를 하고 나서 옷을 벗고 미역을 감
았다. 미역을 다 감고 나자 마음이 싱숭생숭해져서 모래사장에 벗
은 채로 앉아 두리번거리다가 매끄러운 조약돌 하나를 주워들었
다. 그 조약돌로 발을 문지르고 다리를 문지르고 넓적다리를 문지
르다가 나중에는 두 다리 사이를 문질러댔다. 그러자 기분이 이상
해지는 것이었다.
　그래서 거시기를 살살 문지르는데 그만 잘못하여 조약돌이 홀랑
안으로 들어가 버렸다.
　깜짝 놀란 작은동서는 종주먹을 쥐고 집으로 달려갔다. 문을 열
고 들어서니 큰동서가 가마목에 웅크리고 앉아 있었다.
"성님, 이거 큰일났어요."
"무슨 일이게?"
"여기로 돌 하나가 들어갔는데 좀체로 꺼낼 수가 없어요."
"야, 그건 괜찮아."

큰동서가 아무렇지도 않다는 듯이 말했다.

"날 봐라. 발바리(애완견)를 데리고 놀다가 요놈이 두 다리 사이에 딱 들러붙어서 거시기를 핥으며 떨어지질 않는구나."

그러면서 치마를 들어 보이는데 아닌게 아니라 발바리가 발톱을 걸고 들러붙어서 눈을 말똥거리고 있었다.

그래서 두 동서가 서로 붙잡고 울고불고 했다. 그러다가 절에 가서 스님께 물어보면 방법이 있지 않을까 싶어서 치마폭을 걷어안고 함께 절을 찾아갔다. 그러자 스님이 물었다.

"웬일로 찾아왔나?"

두 동서가 앞다투어 찾아온 사연을 이야기했다.

그런데 스님은 두 여인을 동정하기는커녕 자기 한탄만 늘어놓았다.

"고만한 건 괜찮느니라. 난 대두병을 가지고 놀다가 거시기가 빠지지 않아서 골치를 앓고 있느니라."

하며 도포자락을 활짝 열어 보였다. 아닌게 아니라 스님의 두 다리 사이에 커다란 병이 말뚝같이 끼어 있는 것이었다.

작은동서가 그걸 보고 너무너무 우스워서 고개를 비틀고 키득거렸다. 너무 우스워서 눈물까지 흘려가며 배를 끌어안고 웃는데 그곳에 들어갔던 조약돌이 퐁- 하고 총알같이 빠져 나와 스님의 그 대두병에 가 맞았다. 그 바람에 병이 빵- 하고 터졌다. 그 소리가 어찌나 컸던지 큰동서의 사타구니에 붙어 있던 발바리가 놀라 깨갱깽 하고 도망을 쳤다. 이렇게 한꺼번에 일이 풀리자 두 동서와 스님은 기뻐서 어쩔 줄을 몰라했다.

1171

·

뒷간에서

아들이 아침 식사에 아버지를 모셔오려고 찾아가다가 뒤가 마려워 뒷간에 들어가 용변을 봤다.

때마침 아버지가 지나가기에 급한 김에 아들이 말했다.

"아버지, 조반을 여기서 지었으니 가지 마십시오."

"예키 이놈."

아들은 자기 집에서 식사를 하라는 말이었는데 그만 말실수가 되어 아버지의 노여움만 샀다.

1172

·

아내의 죽그릇

집이 너무도 가난하여 죽으로 겨우 끼니를 때우는 집이 있었다. 남편은 두 그릇을, 아내는 한 그릇을 몫으로 떠 놓았다.

때마침 지나가던 길손이 이 집에 들러서 주인의 죽을 손님과 서로 한 그릇씩 차지하고 겸상을 하고 앉았다. 그러자 아내가 자기의 죽그릇을 마저 가져갔다. 남편이 생각하니 자칫하면 아내가 굶을 것 같아서 아내에게 말했다.

"어이, 죽그릇이 어찌나 큰지 두 그릇 먹을 놈은 없겠다."

그러자 손님이,

"허, 죽이 어찌나 맛있는지 한 그릇만 먹을 놈은 없겠다."

하고 말하더니 한 그릇을 마저 먹어 버렸다.

1173

·

호로쇼(좋다)

소련군이 중국 동북에 들어와서 한 조선족 할머니에게 달려들었
다. 그래서 급해난 할머니가 자기의 그곳을 가리키며,
"여기 헐었어. 헐었어."
하고 병이 있다는 시늉을 했다. 그러자 소련군이 잘못 알아듣고
엄지손가락을 빼드는 것이었다.
"음, 호로쇼(러시아어로 좋다는 뜻). 호로쇼. 오첸 호로쇼."
헐었다는 것이 그만 좋다는 뜻이 되어 할머니가 욕을 보고 말았
다.

1174

·

살려주시오

맞은편에서 오는 여자가 해쭉 웃자 남자는 영문도 모르고 어망
결에 히쭉 웃었다. 그러자 여자가 와락 남자의 목을 끌어안았다.
그리고는 수수밭으로 끌고 들어갔다.
처음엔 어디서 굴러온 떡이냐 하고 좋아서 그 여자와 일을 치렀
는데, 여자가 도무지 목을 놓아주질 않는 것이었다. 한번 더 하자
는 것이었다. 알고 보니 그 여자는 그것에 환장한 여자였다.
"가만, 가만, 잠깐만. 나 오줌 좀 누구."
남자는 요리조리 몸을 비틀다가 겨우 빠져나와 내 꼬리 봐라 하
고 들고 뛰었다. 그러자 그녀가 달려오며 말했다.
"요놈새끼, 갈 데가 어디냐?"
이때 맞은편에서 왜놈 순사가 오고 있었다.
"무슨 일이야?"

그러자 남자가 꺽꺽거리며 말했다.
"저, 저, 저 여자가 나를 죽이려고."
하며 계속 도망을 쳤다.
　그래서 왜놈 순사가 여자 앞을 가로막자 이번에는 여자가 순사의 목을 제꺽 끌어안고 수수밭으로 끌고 들어가는 것이었다.
　도망질하던 남자가 생각해 보니 순사와 여자가 수작질하는 걸 구경하고 싶어졌다. 그래서 가만히 살펴보니 순사가 어딘가에 걸린 것처럼 끄드적거리고 있었다.
"다스께데구레(살려주시오), 다스께데구레."
하고 순사가 외쳤다.
"에라, 다스께데구레구 여섯께 데구레구 난 몰라."
하며 여자는 막무가내였다. 한참을 씨름하고 난 후 남자는 간신히 자리를 뜰 수 있었다.
　길에서 모르는 여자가 웃어 준다고 함부로 응할 노릇이 아니다.

1175

달걀 장사

　왜정시대 때 달걀 장사가 일본말 몇 마디를 배워가지고 장사길에 나섰다. 그런데,
"달걀 사시오."
한다는 것이 그만,
"오망고 사시오."
하고 소릴 지르며 돌아다녔다. 달걀은 '다망고'인데 잘못 기억했던 것이다. 그러자 한 순사가 그를 보고,
"바가야로!"
하고 욕설을 퍼부으며 귀쌈을 쳐댔다. 그러자 달걀 장사가,

“난 박가가 아니요.”
하고 대꾸했다. 왜정 때는 이런 일이 숱하게 일어났다.

1176
·

아랫입이 웃는 소리

한 여자가 길을 가다가 경찰 앞에
서 방귀를 ‘뽕’ 하고 뀌었다. 그러자
경찰이 그녀를 붙잡고 말했다.
“왜 교통규칙을 위반했어? 벌금 5
원 내시오.”
이에 여자가 성을 내며 말했다.
“내 아랫입이 웃었지 언제 방귀를
뀌었어요?”
“그럼 한번 더 웃어 봐.”
하고 경찰이 말하자,
“그만둬요. 이젠 안 웃어요.”
하고 말하며 여자가 뻔뻔스럽게 가
버렸다.

1177
·

고양이 있소

한 의사가 낚시를 하러 갔다 오는데 한족 집에서 딸아이의 병을
좀 봐달라고 청했다. 그래서 의사가 낚싯대와 물고기를 문 밖에
두고 들어갔다. 그리고는 한참 처녀의 손목을 잡고 맥을 짚어 보

다가 밖에 두고 온 물고기를 고양이가 물어갈까 봐 근심이 되어
물었다.
"집에 모(고양이)가 있소?"
그러자 처녀의 얼굴이 새빨개졌다.
여자의 음모도 '모'라고 하기 때문에 처녀는 자기에게 그것이 있
는가고 묻는 줄 알았던 것이다.
그러자 처녀가 기어들어가는 목소리로 대답했다.
"쇼쇼디(조금) 있어요."

1178
·

전봇대

길가에 세워진 전봇대가 갑자기 흔들렸다. 그래서 깜짝 놀라 살
펴보니 전봇대 밑에서 러시아아인이 소피를 하고 나서 거시기를 전
봇대에 대고 툭툭 치며 오방을 떨고 있었다. 가만히 훔쳐보니 거
시기가 전봇대를 한 토막 잘라 붙인 것만큼이나 커 보였다.

1179
·

손시늉

한 조선족 아주머니가 러시아에 가서 변소를 찾지 못해 안달이
났다. 아주머니는 러시아 말을 몰라 러시아 남자를 붙잡고 손시늉
으로 자기의 두 다리 사이를 가리키며 고갯짓을 했다. 그러자 러
시아 남자가,
"오첸 호로쇼(대단히 좋아)."
하면서 그녀를 끌고 가 옷을 벗기려 했다. 그래서 바빠진 그녀가

이번에는 손으로 뒤를 가리키며 변이 나오는 형용을 하고 다른 손
으론 입을 막고 구린내 난다는 시늉을 했다.
그러자 러시아 남자가 얼굴을 찡그리며 가 버렸다.

1180
·

달걀 아버지

조선족 할머니가 수탉을 들고 장에 가서 팔려고 앉았는데 그놈
이 한족 영감네 암탉을 보더니 쫀드르르 달려갔다. 그러자 한족
영감이 수탉을 제꺽 안아다가 옷섶 밑에 감춰 버렸다.
할머니가 한족 영감을 보고 수탉을 내놓으라고 말하려고 하나
한어를 잘 몰라서 이렇게 말했다.
“워디 지단디 빠바(내 달걀 아버지가) 니디 지단디 마마(영감네
달걀 에미에게로) 당장디 깔라(하자고 갔지요). 니디 부게디(영감
안 주면) 워디 니디 당장디 깔라(내가 영감과 당장 하겠소).”

1181
·

단어 고치기

우리말로 남자 성기를 ‘좆’, 여자의 성기를 ‘보지’라 하니 듣기가
무척 거북했다. 그래서 한 언어학자가 단어를 만들자고 했다.
그래서 남자 성기는 ‘살돋음’이라 하고 여자 성기는 ‘살홈’이라고
하게 되었다. 참 묘한 이름이 아닐 수 없다.

1182

·

단어의 유래

남자의 성기를 왜 '자지'라고 하는가?

그것은 자기만 하면 지랄을 한다고 그렇게 부른 것이라고 한다.

그리고 여자의 성기를 왜 '보대기'(사투리)라고 하는가? 그것은 보기만 하면 대보고 싶어한다고 그렇게 부른 것이라고 한다.

그리고 씨를 받는 입이라고 '씹' 하고 부른 것이라 하는데 듣고 보니 모두 그럴듯하게 들렸다.

1183

·

청어 장사

어느 날 청어 장사가 마을로 들어와서는 소리를 질렀다.

"앞으로 주면 청어 세 마리, 뒤로 주면 청어 두 마리."

그것은 앞에 있는 그릇의 청어는 작아서 세 마리씩 주고 뒤에 있는 그릇의 청어는 커서 두 마리씩 준다는 말이었는데 여자들이 달리 이해하고 우우 몰려왔다. 그리고 그들 중 나이 지긋한 한 여자가,

"난 앞을 줄 테니 세 마리 주소."

하고 몸을 바쳤다.

그리고는 청어를 세

마리 얻어서 남편이 일터에서 돌아오자 보글보글 지져 주었다. 그러자 남편이 맛있게 먹고는 아내에게 물었다.

"어디서 생긴 청언가?"

그러자 아내가 자랑스럽게 자초지종을 이야기해 주었다. 남편이 듣고 보니 기가 막힌 일이었으나 맛있게 먹은 뒤인지라 좋은 말로 타일렀다.

"앞으로는 그런 짓 말아."

"네."

그런데 이튿날 또 청어가 밥상에 올랐다.

"이건 또 웬 청어야?"

"앞으로는 그런 짓 말라 해서 뒤로 그런 짓을 했습지비."

남편은 어이가 없었으나 마음 무던히 이번에도 좋은 말로 타일렀다.

"뒤로도 그런 짓 말아."

"네."

이번에도 그녀가 선선히 대답했다.

그런데 그 다음날 또 청어 반찬이 밥상에 올랐다. 남편은 두 눈이 휘둥그레져서 아내를 쳐다보았다. 그러자 아내가 아무런 거리낌도 없이 대답했다.

"당신이 앞으로도 하지 말고 뒤로도 하지 말래서 앉아서 했습지비."

그러자 남편이 한숨을 쉬며 씩씩거렸다.

1184

·

보리알

노인이 앉아서 장기를 두고 있는데 한 젊은 녀석이 훈수를 드는 것이었다. 그러자 영감이 노여워서 꾸짖었다.
"이 녀석, 개 씹에 보리알 낑기듯 삐치지 말게."
이에 젊은 녀석이 자리를 뜨며 말했다.
"보리알은 그만 물러가겠습니다. 개 씹들은 앉아 노십시오."

1185

·

한족 남자와 조선족 여자

한족 남자는 조선족 여자가 부지런하고 남편 공대를 잘한다는 것을 알고 조선족 여자에게 장가들려고 했다. 반면 한족 여자는 남편을 존중하지도 않을 뿐더러 물 긷는 일이며 불 때는 일, 아이 보는 일까지 모두 남편에게 맡기곤 했다. 그래서 조선족 여자는 한족 남자가 부지런하고 아내들을 잘 돌봐주는 것으로 생각하고 한족 남자에게 시집가려고 했다. 그런데 조선족 남자는 남성 우월주의가 있어서 무슨 일이나 여자에게 맡기고 자기는 술을 마시러 다녔다.

그들 두 사람은 서로가 상대방이 일해 주려니 하고 놀고 먹을 생각만 했다. 그러다 보니 밤낮 다투기만 하여 집이 말이 아니었다. 그래서 결국 두 사람은 갈라서고 말았다.

1186

·

뭘 먹겠나

중국에는 '보즈'와 '조즈'라는 소를 넣은 만두가 있다. 그런데 우리말로 그 떡을 뭐라고 하는지 몰라서 그대로 중국말로 배워 둔 것이 실수하는 때가 있다.

시아버지와 며느리가 음식점에 들어가 시아버지가 며느리에게
물었다.

"며늘애기야, 조지 먹겠나, 보지 먹겠나?"

그러자 며느리가 대답했다.

"아버님, 전 보지가 싫습니다. 조지 먹겠습니다."

"그럼 난 보지 먹겠네. 그러나 묵은 보진 안 먹겠네."

하고는 시아버지가 음식을 주문했다.

1187
·

편 지

아들이 타민족 속에 살면서 우리말과 우리 글을 배우지 못했다.
그래서 겨우 한 자 두 자 가르쳤다. 그런데 아무리 가르쳐도 아들
이 받침을 쓸 줄 몰랐다.

그러던 어느 날 어머니가 서울로 나들이를 가서 오랫동안 오지
않자 편지를 썼다.

'오마니,

오마니 보지도 까마하미다.(본 지도 까마득합니다.)

아버지 자지도 모하미다.(자지도 못합니다.)

오마니 빠리 빠리 오시오.(빨리 빨리 오세요.)'

1188
·

호랑이와 총각

한 총각이 호랑이와 장기를 두었다. 이들은 이기는 쪽이 지는
쪽을 잡아먹기로 했다. 그런데 총각이 그만 지고 말았다. 그래서

호랑이가 총각을 잡아먹으려고 입을 딱 벌리고 으르렁거렸다. 그러자 마음이 급해진 총각이 제꺽 연장을 꺼내들었다.

"꼼짝 말앗! 덤비면 쏜다. 이건 권총이다. 총알은 두 개나 있다."

호랑이가 가만히 들여다보니 언젠가 한번 혼쭐이 났던 그 엽총과 비슷해서 죽을 둥 살 둥 모르고 뛰어 달아났다. 한참 뛰다가 생각해 보니 총각에게 속아 넘어간 것만 같았다.

바로 그때 파파 늙은 할머니 한 분이 꼬부장해서 걸어오고 있었다. 그래서 호랑이가 할머니에게,

"여차여차한 내기가 있은 뒤 총각을 잡아먹기로 됐는데 총각이 바지 속에서 총을 꺼내들었습니다. 그게 진짜 총이 맞습니까?"
하고 물었다. 그러자 할머니가 한참 생각하더니 말했다.

"어이유, 그 총은 총이래두 무서운 총일세. 40년 전 그 총에 얻어맞은 내 상처가 아직도 아물지 않았네. 보게."
하고는 할머니가 속옷을 훌렁 벗고 호랑이에게 보여주었다. 아닌 게 아니라 찢어진 상처가 아직도 아물지 않고 있었다. 그러자 호랑이는,

"야 그 총이 무섭긴 무섭구나."
하고는 내 꼬리 봐라는 듯이 도망을 치고 말았다.

1189

황천령

황천령 마루에 범이 틀고 앉아 있어서 누구도 그 영을 넘지 못하고 있었다. 영을 넘던 사람들은 다 범의 밥이 되고 말았다. 그래서 산자락에 영을 넘지 못한 사람들이 몰려서 있었다. 그때 한 처녀가 나서며 말했다.

"내가 황천령을 넘어가 보겠어요."
하고는 처녀가 속옷을 벗어 버리고 치마를 뒤집어쓰고 궁둥이를
잔뜩 쳐들고 뒷걸음질로 벌벌 기어 올라갔다. 그 처녀는 월경기였
다.

범이 영마루에서 내려다보니 웬 놈이 입이 함지만하게 무얼 잡
아먹고 입에 피를 잔뜩 발라가지고 올라오고 있는 것이었다. 순간
범은 덜컥 겁이 나 도망을 치고 말았다. 그러자 영을 넘어간 처녀
를 보고 숱한 사람들이 모여들어 이것저것 물었다. 그래서 처녀가
영을 넘어온 방법을 알려주었다.

그러자 한 총각이 그녀의 말대로 옷을 벗고 허리를 구부리고 뒷
걸음질로 영을 올랐다.

범이 다시 와서 보니 웬 놈이 누구한테 쫓겨서 혀를 가로물고
헐떡거리며 올라오고 있는 것이었다.

이윽고 총각이 영마루에 이르자 범이 웬 떡인가 싶어 그 총각을
덥석 잡아 물고 가 버렸다.

1190
·

방귀나 가져라

옥황상제가 세상에 생물체를 만들어 놓고는 그 생명을 이어가게
할 생각을 깜빡 잊어버렸다. 그래서 궁리하다가 지상에다 연장 한
묶음을 큼직하게 만들어 내려보냈다.

그러자 제일 먼저 당나귀와 말이 달려가 그 중 큰 것을 골라 달
아가지고 가 버렸다. 다음엔 개와 소, 양이 차례로 와서 하나씩
차고 갔다. 그런데 게으른 돼지는 잠만 자다가 소식을 늦게 들었
다. 그리고 이미 갔을 때는 아무 것도 없어서 연장을 묶었던 노끈
을 얻어가지고 갔다. 그래서 돼지의 거시기는 오불꼬불했다.

　　그리고 쥐가 땅 밑으로 기어다니다가 늦게야 찾아와서 두루 살펴보니 부스러기가 하나 있어서 그거라도 차고 가야겠다고 생각하고 가지고 갔다.
　　다음엔 오리가 뒤뚱거리며 찾아왔으나 부스러기마저 없어서 하는 수 없이 옥황상제를 찾아가 사정했다.
　　그러자 옥황상제가 대노하여,
　　"옛다, 너같이 게으른 놈은 이거나 가져가거라."
하며 방귀를 뀌어 주었다.
　　그래서 오리는 교미할 때 방귀를 뀐다고 한다.

1191
·

개구리

　　한 처녀가 모를 내다가 논두렁에 앉아 오줌을 누었다. 그러자 개구리들이 왁자지껄 떠들어댔다.
　　"야, 오늘 소낙비는 왜 이리도 뜨거우냐?"

1192
·

밥그릇

　　동생이 형에게 투덜거리며 말했다.
　　"형, 어째서 아버지 밥그릇은 크고 우리 밥그릇은 작은 거야?"
　　그러자 형이 말했다.
　　"그것도 몰라? 아버지가 밤마다 엄마에게 해 주니간 밥을 많이 주지."
　　이에 동생이 말했다.

"그럼 우리도 해 줄까?"

이 소리를 들은 아버지가,

"이 망할 놈의 새끼들, 잡아치우겠다."

하고는 두 아들을 마구 두들겨 팼다.

그러자 어머니가 보다 못해 불쌍해서 한마디 거들었다.

"아이구 여보, 그만 하오. 그애들이 하면 얼마나 하겠다고 그러우."

1193
·

누워서 본다

형이 동생에게 '아버지가 밤마다 어머니에게 해 준다'고 하자, 동생이 어떻게 해 줄까 하고 궁금해서 밤잠을 자지 않고 지키고 있었다. 그러다가 아버지가 올라타는 것을 보고 제꺽 일어나 앉아 가까이 들여다보았다. 그러자 아버지가 작은아들의 귀쌈을 쳤다. 그래서 동생이 빌빌 울자 형이 누워서 말했다.

"자식, 나처럼 누워서 가로 내다볼 게지 앉아서 보니깐 얻어맞지."

1194
·

'야'와 '야하'

아름다운 여자가 곁으로 지나가자 자기도 모르게 '야-' 하는 소리가 입에서 흘러나왔다. 그런데 이것이 그만 사달을 일으키고 말았다. 그녀가 발끈 성을 내며 말했다.

"별 싱거운 사람 다 보겠네. 지나가는 사람보고 야-가 뭐예요?"

그러자 불을 찬 사내대장부로서 자존심이 꺾여서야 되겠는가 싶어 한마디 했다.

"내가 어디 야- 했는가? 야하- 했지."

"야- 하는 거나 야하- 하는 거나 뭐가 달라요?"

"그래 야-하고 야하-가 어떻게 같은가?"

"야-나 야하-나 다 마찬가지 아닙네까?"

"야는 야고 야하는 야하지, 야가 어떻게 야하고 야하가 또 어떻게 야가 되는가?"

"남의 유부녀보고 야, 야가 무슨 말버릇이에요?"

"이봐, 야-는 감탄사고 야하-는 이쁘다는 게고 그리고 놀라는 게고, 야-는 부르는 게고 좋다는 게요. 알겠소 양?"

1195

·

숫구멍

옛날에는 여자의 거시기가 머리 위에 있었다고 한다. 머리에다 검은 솔밭을 만들어 놓고 오래 살려고 마련했는데 비가 오고 눈이 오고 햇볕이 따가와서 이사를 가기로 한 것이다. 그래서 수레에다 짐을 싣고 앞이마로 내리자니 벼랑이어서 뒷머리 수레길로 내려갔다. 내려가다가 겨드랑 밑에 자리를 잡고 다시 검은 솔을 조금 심었다. 그런데 그곳은 답답하고 어둡고 더워서 다시 등골로 수레를 몰고 아래로 아래로 이사를 떠났다.

이번에는 두 다리 사이로 들어갔다. 거기서 또 검은 솔을 심어 놓고 자리를 잡았다. 그런데 배꼽집이 자기 곁으로 오라고 당기자 뒤에서 항문 집이 가지 말라고 붙잡았다. 그렇게 밀고 당기다가 그만 찢어져 버렸다. 그래서 위에서 살던 집터가 숫구멍이 되어 역사의 유물로 남은 셈이다.

1196

·

○○협회

어떤 사람이 거시기가 너무 길어서 걸을 때는 거추장스럽고 앉을 때는 땅에 끌릴 정도였다. 그래서 고민을 하고 있는데 친구가 그에게 말했다.

"이봐, 우리 사는 세상에 무슨무슨 협회가 많기도 한데 왜 긴좆 협회는 없겠나. 그런 협회에 가입하면 무슨 혜택이라도 받을 게 아닌가."

친구의 말에 그럴듯하다고 생각한 그 사람이 물어 물어서 결국 협회를 찾았다.

협회 비서장이 긴 붓을 들고 이름과 나이를 적고 나더니 거시기를 보자고 했다. 그래서 그 사람이 그것을 꺼내는데 한참이나 걸렸다. 그러자 비서장이 코웃음을 치며 말했다.

"그까짓 걸 가지고 입회하려는가? 봐요, 내 이 붓이 뭔가? 내건 너무 길어서 허리에 두 번 두르고도 남아서 목으로 끌어내다가 애당초 붓으로 삼아 쓰고 있는 이게 바로 내 거시기야."

비서장의 말에 그 사람은 쪽도 못 쓰고 낙심해서 돌아가고 말았다.

1197

·

길쭉한 것과 동그란 것

젊은 두 남자가 마주 앉아 내가 옳으니 네가 옳으니 하며 승강이질을 하고 있었다. 즉 여자의 거시기가 길쭉하다거니 동그랗다거니 하면서 그 중 한 남자가 말했다.

"두 다리 사이에 있으니 길쭉한 거야."
그러자 다른 남자가 말했다.
"남자의 거시기를 받아들이는 걸 봐서 동그란 거야."
그때 마침 여자가 그들 앞을 지나가고 있었다. 그래서 그들은 미안하긴 했지만 그녀에게 물어보았다. 그러자 그녀가 생각 끝에 말했다.
"눈을 뜨면 길쭉하고 눈을 감으면 동그랗죠."

1198
·
깍쟁이

깍쟁이 집에 깍쟁이 며느리가 시집을 왔다. 하루는 깍쟁이 며느리가 장에 가서 생선가게에 들러 갈치를 만지면서 사지는 않고 값이 얼마냐고 묻고는 한참을 앉아서 주무르기만 했다.
그리고는 집에 돌아와 손을 씻은 물로 국을 끓여서 시부모에게 대접했다. 그러자 시아버지가 물었다.

"이거 어디서 생긴 고깃국인가?"
이에 며느리가 자랑삼아서 장에 갔다 온 얘기를 하자 시아버지가 발끈 성을 내며 말했다.
"예끼, 맹랑한 일일세. 그 손 씻은 물을 된장에 넣었더라면 일년 내내 고깃국을 먹을 게 아닌가."

1199

게으름뱅이

어느 마을에 한 게으름뱅이가 살고 있었다. 그는 어려서부터 남이 밥을 먹여 줘야 먹고 옷도 입혀 줘야 했다. 그러다가 장가를 들었는데 역시 자기 손으로 밥을 먹을 줄을 몰랐다.

그러던 어느 날 게으름뱅이가 처가에 가려고 길을 나섰다. 그래서 아내가 지짐이를 구워서 목에 걸어 주었다.

"배가 고프면 이 떡을 잡수세요. 떡을 보면 잡숫게 될 거예요."

아내가 살뜰히 일러주었다.

게으름뱅이가 길을 가다가 배가 고파서 고개를 수그리고 떡을 한 입 떼어 먹었다. 그런데 입이 모자라서 더는 떼먹을 수가 없었다. 게을러서 도무지 손으로 쥐고 먹을 생각은 않는 것이었다.

때마침 맞은쪽에서 갓을 쓴 사람이 입을 크게 벌리고 오고 있다. 그래서 말을 건넸다.

"여보시오, 내 이 가슴에 걸린 떡을 입에 좀 넣어 주시오. 배가 고파 죽을 지경이오."

그러자 갓 쓴 사람이 말했다.

"나도 이 갓끈이 풀어졌지만 손을 쓰기는 싫고 해서 입을 크게 벌리고 조심히 걷고 있는 중이네. 그러니 자네에게 떡을 먹여 줄 겨를이 없네. 내게 말을 시키지 말게. 갓끈이 자꾸 풀어지고 있으니까."

1200
·

수수께끼 해답

남편과 아내가 마주앉아 수수께끼 내기를 했다. 먼저 남편이 말했다.

"산 밑에 수풀이 있고 수풀 밑에 우물이 있고 우물 곁에 또 다박솔이 있는 게 뭐게?"

"그거야 남자와 여자의 성기지요."

"아니네. 남자의 코 밑에 수염이 있고 수염 밑에 입이 있고 입 밑에 또 수염이 있잖는가."

그러자 이번에는 아내가 말했다.

"볼 때는 갈라져 있다가도 안 볼 때는 붙어 있는 게 뭐요?"

"그건 남자와 여자지."

"아니에요. 아래위 눈꺼풀을 한번 보세요. 자지 않을 때는 갈라져 있고 잘 때는 붙어 있잖아요."

이번에 역시 아내가 물었다.

"앉으면 일어서는 게 뭐요?"

"그것도 모를까 봐. 내 거시기가 앉으면 일어선단 말야."

그러자 아내가 남편을 자기의 어린 아들 대하듯 손바닥으로 머리를 내리치며 한마디 내뱉았다.

"이놈아, 좌상(座上)어른님이다."

1201
·

꿀종지

아내가 남편에게 개울 건너 상점에 가서 꿀을 좀 사 오라고 부탁했다. 그리고는 까먹을까 봐 자꾸 외우면서 가라고 했다.

남편은 시키는 대로 '꿀꿀꿀' 하면서 갔다. 그런데 개울을 훌쩍 뛰어넘다가 그만 까먹고 말았다. 그래서 다시 도랑을 건너와서 잃어버린 말을 찾으려고 두 눈이 휘둥그레져서 오르내렸다.

개울가에서 빨래하던 여자가 그를 보고 혼잣소리를 했다.

"저 사람 뭘 찾느라고 두 눈이 꿀종지만해서 오르내리지?"

"옳지, 꿀!"

그제야 바보 남편이 잃어버린 말을 주워가지고 다시 개울을 건너갔다.

1202
·
의 사

의사가 한자를 잘 몰라서 처방을 쓸 때는 비슷한 자를 대충 갈겨 쓰곤 했다.

한번은 오줌을 검사하려고 뇨(尿)자를 쓴다는 것이 되는 대로 써서 주었더니 여자 환자가 방귀라는 비(屁)자로 보았다. 그래서 그녀가 유리관에다 나오지 않는 방귀를 억지로 뀌어서 넣은 다음 엄지손가락으로 제꺽 막아가지고 의사 앞에 가지고 왔다.

"의사 선생님, 이걸 어떻게 검사하시죠? 날아가지 않게 꼭 막아 가지고 왔어요."

"어디 봅시다."

의사가 유리관을 받아 들고 보려고 하는데 그 속엔 아무것도 없었다. 그때 그녀가 맹랑해서 말했다.

"아이유 겨우 보관해가지고 온 방귀를 날려보냈네요. 이젠 더 이상 방귀를 뀌어 올 수 없겠어요."

1203

·

꽈배기(타래떡)

금슬이 무척 좋은 부부가 있었다. 그들은 밤생활을 할 때도 서로 존중하면서 물어보고 대답하곤 했다.

"들어갈 만합니까?"

남편이 이렇게 물으면 타래떡을 먹기 좋아하는 아내가,

"꽈배기를 먹고 싶어요."

라고 말해야 동품을 하게 되었다. 그리고 살을 섞을 때는 아내가 '들어오세요'라고 해야 들어가고 '나가세요' 하면 나갔다.

그러던 어느 날 대낮에 아내가 꽈배기가 먹고 싶었다. 그래서 집안에 칸막이를 쳐놓고 남편에게 말했다.

"여보, 꽈배기 갖고 들어오세요."

이윽고 남편이 들어갔다.

"이젠 나가세요."

아내가 꽈배기를 배불리 먹었는지 남편에게 나가라고 했다. 그리고 나서 얼마 지나지 않아 아내가 또 남편에게 꽈배기를 갖고 들어오라고 했다. 그때 마침 밖에서 꽈배기 장사가 지나가다가 이 소리를 들었다.

"꽈배기 갖고 들어오세요."

"예."

꽈배기 장사는 웬일인가 싶어 쏜살같이 그 집으로 들어갔다.

"나가세요."

꽈배기 장사가 나갔다.

"들어오세요."

"예."

꽈배기 장사가 다시 들어왔다.

"나가세요."

몇 번 이런 소리에 꽈배기 장사가 들어왔다 나갔다 하다가 그 소리가 잦아지는 바람에 이번에는 문턱을 건너 디디고 디디장을 했다. 그러니 진짜 꽈배기는 큰 문턱을 드나들고 가짜 꽈배기는 작은 문턱을 드나든 셈이다.

1204
·
연 출

텔레비전 방송국의 연출가가 배우들에게 말했다.
"이제 곧 관중이 들어올 텐데 한번 맞춰 봐야겠어요. 어서 한번 해 보세요."
"어디서 하랍니까?"
"여기서 해 봐요. 얼시덩 해 보라니까요."
"손님이 드나들어서 장소가 불편한데요."
"그래요? 그럼 부끄러우면 건넌방에 가서 해요. 딱 한 번만 해 봐요. 시간이 급하니까."
그러자 배우들이 건넌방으로 가며 키득거렸다.
"야, 야, 관중이 당금 오겠다. 뭘 꾸물거려. 빨리 빨리 하지 않고. 옷을 벗고 빨리…. 할 거요, 안할 거요?"
연출가의 말에 배우들이 킥킥거리기만 할 뿐 행동으로 옮기질 못했다.
"선생님, 자꾸만 해라 해라 하시는데 뭘 하라구요? 남자들이 없어서 짝을 맞출 수 없잖아요."
"그럼 내 가서 데려올까? 시간이 안 되겠다. 남자들이 없는대로 해 봐. 그래, 안 되겠어? 이 밥통들아, 그럼 그만둬."
연출가는 자기에게 은근히 해 보기를 바랐는데 배우들이 알아듣질 못하자 잔뜩 화가 나서 가 버렸다.

1205
·
두 대의 자동차

자동차 운전수가 돈을 웬만큼 벌자 자동차를 두 대나 마련했다.

그리고 돈이 있게 되니 여자가 따라 붙었다. 그래서 어느 주막집 여자와 정이 들어 재미를 보다 보니 밑 빠진 항아리에 물을 담듯 돈이 술술 새어 나갔다. 즉 주막집에 들 때마다 선물을 갖고 가거나 금붙이를 사 주거나 돈을 쥐여주곤 했다. 그러다 보니 얼마 안 가서 자동차 한 대가 금세 날아가고 말았다.

하지만 그녀와 든 정을 끊을 수가 없었다. 그래서 이럭저럭 드나들다 보니 두 번째 자동차도 없어져 버렸다.

그제야 정신이 번쩍 든 자동차 운전수가 한탄하며 말했다.

"야, 그 구멍이 쇠를 녹이는구나. 자동차 두 대가 다 들어가 버렸으니 말야."

1206
·
두부 비지

나이가 들어도 장가를 못 간 한 총각이 어느 날 죽은 아내를 쪽지게에 얹어 지고 가는 사람과 만났다. 그래서 총각이 그 사람에게 말했다.

"이보시오, 그 시체를 내가 묻어 드리리다."

그러자 그 사람이 선선히 쪽지게를 넘겨 주었다. 총각이 시체를 얹은 쪽지게를 지고 가다가 어느 집 앞에 이르러 죽은 여자를 벽에 세워 놓고 집으로 들어갔다.

"지나가는 길손이 배가 고파 들렀으니 밥 한 술이라도 주십시오."

총각의 말에 주인집에서 밥상을 푸짐히 차려 주었다. 그런데 총각이 차려 준 밥은 먹지 않고 한숨만 쉬고 있었다.

"손님, 웬일이시오? 어서 드시지 않고."

주인이 의아해서 묻자 총각이 말했다.

"제 아내가 문 밖에서 굶고 있어서요."

"그럼 진작 얘기하실 것이지."

하고 주인댁이 나가서 불렀으나 대답이 없었다. 그래서 손으로 쥐고 흔들었더니 '쿵'하고 나가 넘어지는 것이었다. 그러자 주인댁이 질겁을 하고 달려 들어왔다.

"큰일났어요. 부인이 잘못됐어요."

"예? 그게 무슨 말씀입니까?"

총각이 깜짝 놀란 듯이 자신의 감정을 속이고는 뛰어나가 대성통곡을 해댔다.

"아이고 불쌍한지고. 입지도 못하고 먹지도 못하고 지나가다가 객사를 하다니. 아이고 이 일을 어쩔꼬."

그렇게 한참을 땅을 치며 통곡하더니 주인댁에게 아내 대신 주인집 딸을 내놓으라고 강떼를 썼다. 그래서 집주인이 하는 수 없이 무남독녀 외딸을 그에게 주었다.

그러자 총각이 그녀를 잃어버릴까 봐 큰 주머니에 넣어서 쪽지게에 얹어 지고 집으로 돌아가는 길이었다.

한참 가다가 잔칫집 앞을 지나게 되었다. 그래서 술도 얻어 마시고 떡도 얻어 그녀에게 주려고 마당에 쪽지게를 세워 놓고 잔칫

집으로 들어갔다.

그러자 잔칫집에 모였던 장난꾸러기들이 나와서 쪽지게에 실은 주머니를 풀어 보고는 여자가 들어 있자, 그녀를 빼내고 주머니 속에 두부 비지를 가득 넣고 가 버렸다. 총각이 음식을 잔뜩 얻어먹고 나와서 다시 쪽지게를 지고 가는데 주머니에서 자꾸만 물이 흐르는 것이었다.

"요 가시내가 오줌을 싸는가. 조금만 참아. 이제 곧 집으로 들어서니까."

집으로 들어선 총각은 주머니를 집 식구들 앞에 내려놓았다.

"그게 뭐냐?"

"흥. 나라구 평생 장가를 못 갈 줄 아우. 여자를 데려왔어요."

"어유, 그놈이 보기와는 다르군그래."

집 식구들이 뜻밖의 일에 무척 기뻐했다. 그때 총각이 시뚝해서 주머니를 풀었다.

그런데 여자가 아니라 두부 비지가 풀석 쏟아지는 것이었다.

"이놈, 사람을 속여도 분수가 있어야지."

그래서 총각이 집에서 쫓겨나고 말았다. 정처없이 가다 보니 길가에 사람들이 모여 앉아 수수께끼 풀이 내기를 하고 있었다. 즉 지는 사람이 점심을 내기로 되어 있었다. 그래서 총각이 말했다.

"내가 수수께끼를 낼 테니 알아맞혀 보시오."

"죽은 여자가 산 여자 되고 산 여자가 두부 비지 된 게 뭡니까?"

모인 사람들이 아무리 머리를 짜내도 알아맞힐 수가 없었다. 그래서 총각이 자기의 경과사를 죽 얘기했다. 그러자 모인 사람들이 혀를 끌끌 차며 말했다.

"야, 그럴듯한 수수께낀데."

그래서 결국 총각이 점심을 얻어먹게 되었다.

1207
·
굴 뚝

벙어리 노친과 소경 영감이 한 집에서 살고 있었다. 그러던 어느 날 앞집에 불이 붙어서 동네 사람들이 불을 끄러 모여들었다. 벙어리 노친도 뛰어 나갔다. 그런데 소경 영감은 어찌는 수 없어 그저 집에 앉아 소식만 기다리고 있었다.

마침내 벙어리 노친이 뛰어 들어왔다.

"앞집이 어떻게 됐어?"

소경 영감이 다급히 물었다. 벙어리 노친이 급한 김에 영감 앞에 팍 엎어지며 영감의 거시기를 틀어잡았다. 그랬더니 영감이 말했다.

"오, 굴뚝만 남았겠구나."

1208
·
벙어리 부부

벙어리 부부가 사이좋게 살고 있었다. 그러던 어느 날 아내가 친정으로 가서 오래도록 돌아오지를 않았다.

그래서 남편이 편지를 쓰려고 하는데 글을 잘 몰라서 그림 석 장을 그려 보냈다.

한 장은 사람의 배꼽이 있는 배이고 또 한 장은 먹는 배이며 또 다른 한 장은 물에 뜬 배였다.

친정에서는 그게 무슨 뜻인지 도무지 알 수가 없었다. 그런데 벙어리 아내는 그 뜻을 제꺽 알고 돌아갈 길을 서둘렀다.

배꼽이 있는 배는 보고 싶다는 뜻이고, 먹는 배는 먹어 보고 싶다는 뜻이고, 물에 뜬 배는 타 보고 싶다는 뜻인데, 이게 빨리 돌아오라는 게 아니고 뭐겠는가.

1209
·

개살구 하나

한 남자가 친구 집에 가서 술상을 마주하고 앉았다. 그러자 친구의 이쁜 아내가 술을 따라 주었다. 그때 남자가 종이에다 '개살구 하나'라고 써서 친구에게 주었다. 그러자 친구가 읽어 보고는,

"이봐, 이 친구가 개살구를 먹고 싶대. 어서 가져와."

하며 쪽지를 아내에게 건네주었다.

그러자 아내가 글의 뜻을 알아내고는 글 쪽지를 펴 든 두 손을 삑 둘러 보이며 고개를 까딱했다.

글 쪽지를 거꾸로 읽어 보니 '나하구 살개'였다.

1210
·

비판 대회

광복 직후였다. 남녀가 서로 휩쓸려 다니면서 회의도 하고 오락도 하다 보니 남남끼리 정이 들어 좀 미안한 일도 생기곤 했다. 그때는 남녀 관계가 발생하면 회의를 열고 서리찬 비판을 퍼부었으며 처벌도 주었다.

한 여자가 일어나 일을 저지른 남자를 보고 비판했다.

"동무, 선서를 할 때는 왼 주먹을 높이 들라고 했지 가운데 주먹을 들라고 했는가?"

그러자 남자가 접수했다.

"예, 이제부터는 이 주먹을 아래로 드리우겠습니다."

이번에는 남자가 일어나 일을 저지른 여자를 비판했다.
"동무, 조직의 몸으로서 왜 함부로 자유주의 행동을 했는가?"
그러자 그녀가 발끈하며 말했다.
"내 몸에 붙어 있는 것도 내 자유대로 못합네까?"
이 말에 장내가 온통 폭소로 가득 찼다.

1211

·

사냥꾼

한 사냥꾼이 산에 갔다가 곰을 만났다. 그래서 곰을 겨누고 한 방 갈겼다. 그런데 곰이 맞지 않고 어느새 번개같이 덮쳐들어 사냥꾼을 깔고 앉아 머리를 쥐어뜯는 것이었다. 그래서 사냥꾼이,
'이젠 꼼짝 못하고 죽었구나.'
하고 생각하는데 갑자기 머리에 꾀가 피끗 떠올랐다.
'아내가 내 사타구니를 어루만질 때 느끼는 쾌감. 그렇지, 곰도 그곳을 긁어 주면 좋아할 거야.'
사냥꾼은 제꺽 손을 뒤로 가져가 곰의 불퉁을 슬슬 긁어 주었다. 그랬더니 머리를 쥐어뜯던 곰이 사지를 쭉 뻗으며 드러눕는 것이었다. 그리곤 사타구니를 벌리고 너무 좋아서 눈을 슬며시 감았다. 바로 이때 사냥꾼이 재차 총을 한 방 놓아 곰을 사로잡아 버렸다.

1212

·

고양이 죽 먹듯

서당의 훈장이 학생들에게 글을 짓게 하고는 방에 들어가 그 일

을 하고 있었다. 그때 한 학생이 선생을 불렀다.

"선생님, 고양이가 죽을 훔쳐먹는 것 같아요."

"서당에 없는 고양이가 어디서 죽을 먹는단 말이냐?"

"그럼 서당에 죽도 없습니까?"

"잔말 말고 어서 글이나 지어라."

훈장이 일을 마치고 방에서 나와 학생들의 글을 검사하였다. 그런데 한 학생이 이렇게 글을 지어 놓았다.

고양이 없는 서당에
죽도 없는 방에 들어가
선생님 넙죽 엎드려
고양이 죽 먹듯 한다.

1213
·

오줌싸개 신랑

옛날에 너무도 집이 가난하여 조각난 노전을 깔고 지냈다. 그런데 그 노전에다 아들이 야뇨증이 있어서 밤마다 오줌을 싸곤 했다. 그래도 어머니는 아들이 귀여워서,

"허, 장차 화공이 될 게다. 밤에도 자리에 꽃밭을 그리니."

하고 웃음으로 넘기곤 했다. 그것이 습관이 되어 아들이 다 큰 뒤에도 밤이면 자리에다 그냥 오줌을 싸는 것이었다. 그러자 이번에는 아버지가,

"허, 만국지도를 그리는 걸 보니 장차 장군이 되려나 보다."

하고 자랑삼아 말했다.

그렇게 세월이 흘러 아들이 어느덧 장가를 들게 되었다. 그래서 혼사말을 떼러 갔는데 재산이 얼마나 되는가고 물었다.

"집은 잘 살지 못합니다. 그저 노전이 많아서……"

하고 대답하니 방이 여러 칸인 줄 알았다. 그리고 신랑은 무슨 재간이 있느냐고 물으니,

"밤이면 늘 그림을 그리는데 화가가 될지 장군이 될지, 두고 봐야 알겠습니다."

하고 대답했다. 말 한마디가 천 냥 간다고 혼사가 이루어졌다.

색시가 시집와서 보니 단칸방에 조각난 노전이 가득했다. 그리고 첫날밤 신랑이 또 오줌을 쌌다.

아침에 새 각시가 얼굴을 찡그리며 오줌에 젖은 속옷을 벗겨 빨랫줄에 널어놓자 아버지가 보고는 말했다.

"허, 그 녀석, 색시가 임신하기도 전에 색시 속옷에다 먼저 귀동자를 그렸군."

1214

·

부 채

옛날에 공짜를 무척 좋아하는 사람이 있었다. 그는 길을 갈 때에도 늘 돈이라도 떨어져 있지 않나 싶어 두리번거렸다. 그러다가 어느 날 길에서 부채 하나를 주웠는데 거기에 '공짜'라는 두 글자가 새겨져 있었다.

공짜 부채를 주워들고 얼굴에 한번 바람질을 하자 코가 커지기 시작했다. 그래서 그는 다급히 부채를 뒤집어 쥐고 바람질을 했

다. 그러자 다시 코가 작아졌다. 그래서 그는,

'옳지. 이 부채로 돈을 벌어야겠다.'

하고 생각하고 어느 마을로 들어가 아이들을 모아 놓고 옛 이야기를 해 주겠다고 해놓고는 부채질을 했다. 그러자 아이들의 코가 한 발씩이나 늘어났다. 이어 아이들의 부모들이 길어진 코를 고쳐 줄 의사를 찾느라고 동분서주 하는지 울며불며 야단이었다. 이때 그 사람이 나타나서 다시 부채질을 하여 아이들의 코를 제대로 바로잡아 주었다. 이리하여 그 사람은 댓바람에 큰 부자가 되었다. 잘 먹고 잘 살게 되니 부러운 게 없었으나 할 일이 없어서 심심해 죽을 지경이었다. 그래서 하루는 집에 드러누워 장난삼아 자기 사투가리에다 부채질을 해 보았다. 그랬더니 거시기가 점점 커지는 것이었다. 그래서 재미를 느낀 그가 자꾸만 부채질을 했더니 그것이 지붕을 뚫고 나갔다. 그리고 마침내는 작대기처럼 꼿꼿해서 올라가더니 아득히 높은 하늘에 가 닿았다. 그리고는 하늘을 펑하니 뚫고 나갔다. 그러자 하늘 사람들이 보고는 괴상한 붉은 말뚝이 올라오는구나 싶어 돌을 안아다가 지질쿼 놓았다.

그 사람은 거시기 끝이 따끔하고 아픈지라 제걱 부채를 뒤집어 쥐고 부지런히 바람질을 해댔다. 그랬더니 거시기가 돌에 찡겨서 빠지지 않고 외려 사람이 하늘로 동동 매달려 올라갔다. 그래서 떨어지는 날이면 뼈도 못 추리겠다 싶어서 불이 나게 부채질을 했다. 하늘 사람들이 보니 돌 밑에서 뻘건 피가 흐르고 있었다. 그래서 그만 겁이 나서 돌을 치워 버렸다. 그 바람에 그 사람이 천만 길이나 되는 공중에서 떨어지고 말았다. 깨고 보니 침대에서 마룻바닥에 떨어져 있었는데 꿈이었던 것이다.

1215

삼분의 일

한 여자가 남의 남자와 눈이 맞아 몰래 관계를 갖게 되었다. 남자가 성급한 김에 미처 그곳을 찾지 못하고 있자 여자가 소리를 질렀다.

"한 치오푼 높이세요."

그때 그 남자의 아내가 남편의 뒤를 밟고 왔다가 이 소리를 귓결에 듣고는 뛰어들었다. 그래서 그 남자는 파김치가 되었고 두 여자는 수탉 싸우듯 들러붙어 싸웠다.

그러자 그 소문이 삽시에 마을로 쫙 퍼졌다. 이윽고 부녀 조직에서 비판 대회가 있었다.

거기서 두 남녀를 내세웠는데 남자는 고개를 숙이고 있는데 여자가 변명을 했다.

"그래, 삼분의 일이 들어간 것도 들어갔다고 할 수 있습네까?"

1216

가마 뚜껑으로 쳤다

남편이 밤낮 마작판에 가서 도박을 하자 아내가 쫑알거리며 때로는 부지깽이로 지져 놓고, 때로는 밥을 주지 않고, 때로는 문을 걸어 놓고 집에 들어오지 못하게 했다. 그런데도 남편은 도리어 도박판에 가서는 큰소리를 땅땅 쳤다.

"흥, 오늘 내 여편네가 투덜거려서 가마 뚜껑으로 마구 쳤지. 죽었는지 살았는지 모르겠단 말이야."

이윽고 아들이 달려왔다.

"아버지, 어머니가 빨리 오시랍니다. 애기가 앓아서 병원으로 가

잡니다."
"응, 반 시간만 기다려."
잠시 후 아들이 또 왔다.
"애기가 죽었다고 빨리 오랍니다."
"저런? 죽었으면 할 수 없지. 가나마나하다."
그래서 그냥 눌러앉아 도박을 계속했다. 그러자 잠시 후 또 아들이 달려왔다.
"아버지, 어머니가 가마 뚜껑을 들고 이리로 달려오고 있시유."
"엉?"
남편이 그만 질겁하여 일어났는데 바지에 오줌을 다 쌌다. 그러니 가마 뚜껑으로 누가 누구를 쳤다는 건지 도박판에 있던 사람들이 눈치를 채고 말았다.

1217

이항복

이조 때 영의정을 지낸 이항복이 젊었을 때 무척 장난꾸러기였다. 한번은 장인이 더워서 땀을 뻘뻘 흘리는 것을 보고 여쭈었다.
"빙부님, 거 남보기가 구차합니다. 옷을 입지 말고 두루마기만 걸치면 선선할 게 아닙니까."
"그럴법하네."
장인이 속옷을 입지 않고 두루마기만 입었다. 그러던 어느 날 조정에서 조회가 있어 이항복과 그의 장인이 함께 들어가 앉았다. 이항복이 좌중에 의견을 내놓았다.
"오늘 날씨가 무더운데 두루마기를 벗는 게 어떠합니까?"
"그거 참 좋은 말씀입니다."
하며 모두 두루마기를 훨훨 벗었다.

112

'저놈이 날 곯려주는구나.'
하고 장인이 두루마기를 벗지 못하고 잔뜩 도사리고 있는데,
"빙부님도 어서 벗으시지요."
하고 이항복이 장인의 두루마기 옷고름을 활활 풀어놓자 장인의 거시기가 밖으로 새어 나왔다.

한번은 이항복이 듣고 있자니 장모의 행실이 단정치 못하다는 말이 쉬쉬하게 나돌았다. 그래서 그 장모에 그 딸이 아닐까 하고 생각한 이항복은 먼저 자기 아내의 행실이 어떤지 알아보고 싶어졌다.

그래서 기회를 엿보고 있던 어느 날 밤, 부인이 소피하러 가는 걸 보고 등뒤로 가서 콱 끌어안고 입을 맞추고 내빼려다가 그만 귀쌈을 얻어맞고 말았다. 그리고 며칠이 지난 뒤 달밤에 장모와 이항복의 부인이 산신제를 지내러 산에 가게 되었다. 이항복이 백발 노인으로 분장하고 산에 가서 나무에 올라앉아 호령하였다.

"나는 산신령이다. 너희들 행실을 알아보러 왔노라. 군서방이 얼마며 그 숫자대로 떡을 가져다 놓아라."

그러자 장모가 얼굴이 새빨개져서 떡을 주워 놓는데 무려 아홉 개나 되었다. 그리고 아내는 한참 엎드려 쿨컥거리며 울더니 떡 한 개를 조금 뜯어서 그 부스러기를 접시에 담아 놓고 절을 하는 것이었다.

그래서 이항복이 집으로 돌아와 이불 속에서 아내에게 자초지종을 애기했더니 아내는 두 번이나 속은 걸 알고는 너무도 분해 했다.

그 벌로 그날 밤 남편은 우두커니 그냥 자게 되었다.

1218

노 루

어린 노루 한 마리가 산마루에서 배가 고파 꺼이꺼이 울다가 사위를 두리번두리번 둘러보니 어미 노루가 콩밭을 껑충껑충 뛰어가고 있었다. 그런데 가만히 보니 두 다리 사이로 젖꼭지가 흔들거리는 게 보였다. 그래서 어린 노루가 냉큼 뛰어가 덥썩 물었다.

그런데 알고 보니 그것이 콩밭의 기음을 매는 아저씨의 배중에서 삐죽이 내민 거시기였던 것이다. 어린 노루는 그것도 모르고 배가 고픈 김에 맛있게 그것을 쫄쫄 빨아댔다.

그러자 아저씨가 발로 새끼 노루를 툭 차며 말했다.

"이봐 마누라, 간밤에 해 줬는데 뭐가 부족해서 자꾸 달라붙어."

이에 노루도 아저씨를 발로 툭 차며 말했다.

"엄마, 난 아직 배가 고프단 말이야."

1219

좋을 대로 해요

남편이 매일같이 도박판에만 들어앉아 있자 아내가 화가 나서 부르쥐고 달려가 남편의 멱살을 틀어잡고 을러멨다.

"집안 일은 뒤죽박죽으로 해 놓고 마냥 도박만 하고 놀 거예요?"

그러자 남편이 애걸하며 말했다.

"내가 도박판에 붙어 있지 않으면 바람 피울 위험이 있다는 걸 알아야지. 어느 쪽을 택할까?"

이 말에 아내가 한참 머리를 갸웃거리다가 부드러운 목소리로 말했다.

"그럼 좋을 대로 해요."

1220

·

작곡가의 아내

한 작곡가의 아내가 음악엔 아주 벽창호였다.

어느 날 남편이 집에 혼자 앉아 '23465' 하고 흥얼거리며 곡을 짓는데 아내가 주먹을 부르쥐고 달려 들어왔다.

"당신 언제 우리 엄마를 팔았어요?"

"누가 그래?"

"당신이 방금 네에미 팔았소, 하지 않았어요?"

아내의 말에 작곡가는 어이가 없어 그저 허허 웃고 말았다.

1221

·

사윗감을 고르다

한 부잣집에서 과년한 외동딸을 시집보내지 못해서 속을 태우고 있었다.

그러던 어느 날 점잖고 잘생긴 젊은 남자가 문 앞을 지나가고 있었다. 그 남자가 부자의 마음에 들었다.

"이보게 젊은이, 홀몸인가?"

"예."

"집에는 누가 계시는가?"

"아버님과 어머님이 계십니다."

“음 잘 만났네. 우리 집 딸년 배필을 구하는 중일세. 자네 생각은 어떤가?”

“참말 고맙습니다. 그렇지만…….”

“그렇지만 어떻다는 건가?”

“집에 가서 아내와 상론해 봐야겠습니다.”

“뭐라고? 집에는 부모뿐이라고 하잖았나?”

“아내는 본가로 가 있습니다. 그래서 지금 처가로 가는 중입니다.”

1222
·

열 쇠

매일같이 아내와 싸우던 남편이 오늘따라 문 밖에서 서성대며 아내가 오기를 기다렸다.

그러자 이웃집의 친구가 물었다.

“싸움 끝에 정이 든다고 이젠 화해를 한 모양이구만. 그렇게도 아내를 기다리는 걸 보니.”

“천만에.”

그리고는 남편이 덧붙였다.

“집안에 열쇠를 두고 문을 잠가서 할 수 없이 기다리고 있는 거요.”

1223
·

도룩신

광복 전 중국 동북 지방에서는 겨울이면 한족들이 도룩신을 신었다. 도룩신이란 쇠가죽이나 돼지가죽을 이겨서 끈을 달아 만든 신이다. 신 안에는 푹신푹신한 울로초(새초)를 넣어 신는데, 이것을 신을 때나 벗을 때마다 반 시간씩이나 걸린다.

그런 사실을 아는 여자가 어느 날 한족 홀아비가 번 돈을 빨아먹으려는 생각으로 홀아비를 홀려 돈을 먼저 받고는 옷을 홀랑 벗었다. 그리고는 은밀한 그곳을 아예 드러내놓는 것이었다. 이를 본 홀아비가 욕정이 끓어올라 그 일을 치르려고 신을 벗으려 하는데 신이 벗어지지 않아서 반 시간 동안이나 시간을 끌었다. 그래서 그 사이에 그만 조설하고 말았다.

1224
·

다리 밑에서 주웠다

아이를 낳았는데 생김새가 그지없이 못생겼다. 그러자 어머니는 아버지를 닮아서 그렇다고 하고 아버지는 반대로 어머니를 닮았다고 했다.

이 아이가 장성하여 어느 날 어머니에게 물었다.

"어머니, 저는 도대체 어디서 생겼습니까?"

"다리 밑에서 주워 왔다."

"그럼 전 다리 밑에 가서 앉아 있을래요. 거기 가서 진짜 아버지와 어머니를 찾아야겠어요."

이때 어머니가 당황한 듯 황급히 말했다.

"애, 그 다리가 바로 내 이 두 다리란 말이다."

"그럼 아빠 다리는 쓸모없는 다립니까?"

그러자 아버지가 소리를 질렀다.

"이놈아, 못나도 제 애비를 닮으랬다. 그 애비, 그 아들 부실이구나."

1225
·

신 사

한 청년이 서양인처럼 수염을 기르고 개화장을 짚고 나섰다. 이렇게 하면 많은 아가씨들이 자기를 줄줄 따를 줄 알았다.

그런데 그가 버스에 오르자 한 아가씨가 제꺽 자리에서 일어나 앉으라고 권했다. 그는 속으로 아가씨가 자기를 우러러본다고 여겼다.

"아가씨 참 고마워요. 어디로 가는 길인지 알고나 지냅시다."

그러자 아가씨가 청년의 말을 귓전으로 듣고는 이렇게 권했다.

"할아버지, 버스를 타고 다니시기엔 불편하실 것 같은데 일후에는 택시를 타고 다니세요."

1226
·

젖 값

어디서 불어온 바람인지 결혼을 하면 남자가 여자 집에 딸을 길러준 젖값을 내야 하는 법이 생겼다.

그런데 신랑이 이를 모르고 있자 신부가 신랑에게 재촉했다.

"어서 젖값을 내세요."

그러자 신랑이 말했다.

"당신 젖 먹은 기억 있어?"

이에 신부가 대꾸했다.

"젖을 먹지 않고 자란 사람이 어디 있어요?"

"아니야. 당신은 태어났을 때 엄마 젖이 안 나왔대. 그래서 암죽을 먹고 자랐다던데 뭘. 그런데 젖값은 무슨 젖값이야."

그러자 신부가 말문이 막히고 말았다.

1227
·

약 혼

약혼한 딸이 훌쩍거리며 울고 있자 어머니가 물었다.

"왜 울어? 그 사람이 널 차버리더냐?"

"아니요. 고급 간부인 그이 아버지가 사망했어요. 이젠 누굴 믿고 살아가야 할지 막막해서요."

1228
·

연 습

어린 아들이 자기의 여동생을 마구 짓밟고 치며 울리고 있었다. 그래서 아버지가 마구 꾸짖었다.

"이 녀석, 너 무슨 짓이냐?"

"난 남자야. 남자는 여자를 치는 거야. 나도 장가들면 아빠를 따라 배울래."

"엉!?"

아버지는 그만 말문이 막히고 말았다.

1229
·
칭 찬

남편이 아름답고 얌전한 아내를 보고 말했다.
"여보, 사람들이 당신 같은 아내를 둔 나를 무척 부러워하더라구요."
그러자 아내가 말했다.
"저도 칭찬받고 있어요."
"어떻게?"
"바보 같은 남자에게 시집가서도 찍소리 않고 잘 산다고요."

1230
·
애완견 · 1

아내가 문 밖을 나설 때면 늘 애완견을 데리고 다녔다. 그러자 남편이 기분이 안 좋은 표정으로 물었다.
"당신은 왜 나하고 같이 다니는 걸 싫어하고 애완견만 데리고 다니는 거야?"
이에 아내가 말했다.
"이 강아지가 당신보다 더 잘생긴 걸 어쩌겠어요."

1231
·
애완견 · 2

부인이 애완견을 어루만지며 남편을 보고 말했다.

"당신은 왜 애완견을 닮지 못했을까요? 참 유감스럽네요."
그러자 남편이 버럭 소리를 지르며 말했다.
"뭘? 내가 개를 닮으면 뭐가 돼?"
"난 당신보다 애완견이 더 이뻐요."
아내의 말에 남편이 그만 입을 딱 벌리고 말았다.

1232

·

누가 이기나

동네 사람들이 이웃집 남자에게 물었다.
"부인이 무척 사납다던데, 싸우면 누가 이기죠?"
"그야 당연히 내가 이기죠."
"어떻게 이깁니까?"
"아내가 소리를 지르면 난 꿀 먹은 벙어리가 되죠. 이렇게 그의
기를 꺾어 놔요."
"아내가 손찌검을 하면?"
"그땐 제꺽 꿇어앉지요."
"그럼 발길질을 할 때는?"
"그땐 도망을 쳐야죠. 아내는 늘 이렇게 나한테 진답니다."
동네 사람들은 그의 말에 어안이 벙벙해졌다.

1233

·

처갓집

남편이 아내를 데리고 처가로 갔다. 그러자 장인이 사위를 자기
방에 같이 있게 하고 딸은 아랫방에서 어머니와 같이 있게 했다.

그렇게 며칠이 지나자 사위는 아내를 끌어안고 싶어 못 견딜 지경이 되었다. 그래서 조반을 먹고 나서 장인이 밖으로 나간 틈을 타 아내를 불렀다.

"여보, 양추물 좀 가져다 줘요."
아내가 양추물을 들고 들어오자마자 남편이 아내를 끌어안고 마구 뽀뽀를 해댔다.
그때 마침 장인이 문을 열고 들어서다가 그 광경을 보았다. 그러자 사위가 그만 난처하여 한마디했다.
"장인님도 와서 뽀뽀 좀 안하시겠어요?"
"괜찮네. 나도 저 가마목에 몫이 있네."
하고 장인이 얼버무렸다.

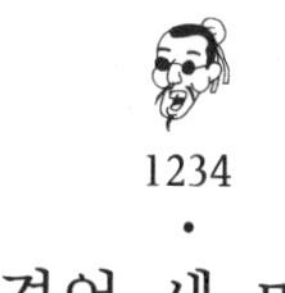

1234
·

격언 세 마디

• 늙은이가 젊은 여자를 얻으면 젊게 살지만 그 여자는 도리어 쉽게 늙는다.
• 뜨겁게 사랑하는 것보다 오래 사랑하라.
• 많은 사람을 사랑할 수는 있어도 한 여자만 사랑하기는 매우 어렵다.

1235

·

경 험

연애를 하는 젊은이가 약혼녀에게 말했다.

"난 은근히 걱정이 돼."

"뭐가요?"

"난 외아들이라서 대를 끊으면 안 된단 말야. 그런데 네가 결혼 후에 아이를 낳지 못하면 어떡하나 싶어서."

"그런 근심은 말아요."

"자신 있어?"

"난 벌써 아이를 한번 낳아 본 경험이 있으니까요."

"엉?"

그 남자는 너무도 놀라 두 눈이 휘둥그레졌다.

1236

·

답답한 남자

한 젊은이가 사랑을 하면서도 사랑하는 마음을 표현할 줄을 몰랐다.

어느 날 마음속으로 좋아하고 있던 아가씨가 그와 마주 앉았는데 아무런 말이 없자, 슬그머니 그의 마음을 떠 봤다.

"그 손과 내 손이 어느 것이 큰지 한번 대 보세요."

"꼭 대 봐야 알겠습니까? 그저 봐도 알 수 있는데."

"그럼 그 팔로 내 허리를 다 안을 수 있는지 한번 시험해 보세요."

"내 팔 길이를 잴 노끈이 있어야 그 허리를 재지."

그래서 이번엔 아가씨가 다른 얘기를 물어보았다.

"연애를 하는 남녀는 뽀뽀를 한다던데 그건 어떻게 하는 거예요?"

"거야 나도 경험이 없으니 몰라요."

그러자 아가씨가 그만 신경질이 나서 톡 내쏘았다.

"도대체 나를 사랑하는 겁니까, 안하는 겁니까?"

"그, 그, 그걸 어떻게 말합니까?"

그러자 젊은이가 질겁하여 그만 입을 다물어 버렸다.

1237

·

고 백

무도장에서 한 남자가 춤을 추면서 한 여자에게 홀딱 반해 사랑을 고백했다.

"아가씨, 당신의 첫인상에 그만 반해 버렸습니다."

"네? 저에게요? 그럼 제가 사랑하는 걸 다 사랑해 주실 수 있어요?"

"물론이죠. 말씀해 보세요."

"저의 사랑하는 남편과 아이들을 말입니다."

"예?!"

그 말에 남자는 슬그머니 꽁무니를 빼고 말았다.

1238

·

다 행

한 젊은이가 무도장에서 어떤 여자와 춤을 추고 나서 나란히 좌석에 앉았다. 그런데 여자가 자꾸만 건너편에 앉은 사람에게로 눈길을 보내는 것이었다. 그러자 젊은이가 못마땅해 하며 말했다.

"왜 자꾸만 저 사람을 봅니까? 저 사람은 미련하고 부족한 사람입니다."

"아니, 저이가 당신네 경리가 아니에요?"

"맞아요."

"그럼 내가 누군지 아세요?"

"몰라요."

"저 경리의 아내예요."

"예? 그럼 부인은 내가 누군지 아세요?"

"몰라요."

"참 다행입니다."

젊은이는 슬그머니 사라졌다.

1239

·

자살 기도

한 청년이 첫번째 연애에서 퇴짜를 맞고 마음이 심란하기 짝이 없어서 자살을 하려고 쥐약을 먹었는데 어쩌다 살아났다. 그리고 두 번째 연애에서도 실패해서 자살하려고 목을 매다가 들켜 성사하지 못했다. 그런데 또 세 번째 연애마저 수포로 돌아가자 화가 나서 폭파약을 안고 죽으려다가 불발이 돼서 살아났다.

그런데 이번에는 아가씨가 사랑을 받아들이자 너무 흥분해서 그만 졸도하고 말았다.

1240
·

해바라기 잔치

혁명적인 결혼을 하느라고 해바라기 잔치를 했다. 신랑과 신부가 모두 바지를 입고 남자처럼 머리를 깎았다.

그러자 좌석에서 근시안인 사람이 목을 길게 빼들고 물었다.

"어느 쪽이 신부인지요?"

잠시 후 그들은 결혼 선물인 붉은 어록책을 바꾸어 가지면서 신랑과 신부가 악수를 했다. 그때 한 익살꾼이 말했다.

"혁명적인 사람은 뽀뽀를 모르는구만."

그러자 장내가 온통 폭소로 가득했다. 이에 주례가 말했다.

"태양을 따르는 해바라기 마음으로 자, 해바라기를 까십시오. 후손 만대 영광스런 해바라기 잔치입니다."

잔치는 반 시간도 안 되어 끝나고 모두들 삽을 메고 밤 작업을 나섰다.

이때 시어머니가 소리를 질렀다.

"애들아, 첫날밤도 없느냐? 애는 언제 낳으려고 그러냐?"

그러자 신랑이 어록책을 내흔들며 말했다.

"어머니, 이거면 애도 절로 생겨요."

1241
·

야 옹

딸의 성질이 사납고 우락부락해서 어머니가 마음을 놓지 못하고 타일렀다.

“얘야, 시집을 가서는 그 성질을 고쳐야 한다. 얌전한 고양이가 돼야 해. 그리고 달걀은 한입에 하나씩 넣어선 안 돼.”

“예 알았어요, 어머니.”

마침내 딸이 시집을 갔다.

시어머니가 조반을 짓자고 며느리를 부르자 그녀가 마목에 고양이처럼 웅그리고 앉아서 ‘옹’하고 대답했다.

그 소리에 시어머니가 어리둥절해졌다.

그리고 삶은 달걀을 상 위에 올려놓았더니 그녀가 껍질을 까서는 한 입에 두 개나 쑤셔 넣었다. 그리고는 목이 메여서 눈물을 찔끔찔끔 흘렸다. 그때 시어머니가 물었다.

“며늘애기야, 왜 그렇게 먹나?”

“울 어머니가 달걀을 한 입에 한 개씩 먹지 말라고 해서 한꺼번에 두 개를 먹은 거예요.”

며느리의 말에 시어머니는 기가 차서 혀를 내둘렀다.

1242

고양이와 쥐

고양이가 쥐를 쫓고 있었다. 그러자 쥐가 급한 김에 낮잠을 자는 아내의 두 다리 사이로 달려 들어갔다. 이때 뒤

따르던 고양이도 그곳으로 들어갔다.

그러자 남편이 당황해서 자기의 거시기로 그놈들을 낚아 보려고 꺼내 들었다. 그런데 그 속에서 고양이가 어느새 쥐를 물고 나오려고 머리를 내밀었다. 그러다가 방치 같은 게 있자 얻어맞을까 봐 머리를 내밀었다 들어갔다 했다.

그러자 아내가 남편에게 소리치며 말했다.

"비켜요! 고양이가 쥐를 물고 나가려고 하잖아요."

1244
·

암 범

친구가 말했다.

"남들이 자네 처를 보고 암범이라고 하던데 그게 참말인가?"

"그게 무슨 소린가? 집에서는 내가 호랑이야. 내 앞에서는 처가 찍소리도 못해."

때마침 아내가 찾아왔다가 이 말을 듣고 옆구리에 손을 얹으며 눈을 부릅떴다.

"뭐라구요? 방금 한 말 다시 한번 해 봐요!"

"내가 뭐랬나?"

남편이 기어 들어가는 목소리로 말했다.

"내가 호랑이라면 당신은 무손이라 했지."

1244
·

자랑 끝에 뒤쓸다

한 남자가 늘 자기의 아내 자랑을 늘어놓았다. 즉 이쁘다느니,

성질이 부드럽다느니, 자기 말을 고분고분 잘 듣는다느니, 앉으라
면 앉고 서라면 선다느니 했다. 그리고 아내의 자랑거리가 끝나면
처제를 자랑하거나 처남을 자랑하곤 했다.

그런 그가 얻어맞아서 눈이 시퍼렇게 이물고 목에선 피가 줄줄
흐르고 옷이 갈기갈기 찢어졌다.

그래서 친구가 물었다.

"깡패에게 봉변을 당했나? 어서 집으로 돌아가게. 아내가 얼마
나 가슴 아파 하겠나?"

"말도 말게. 지금 집에서 쫓겨 나오는 길일세."

1245

·

불이야

밤중에 어디선가 '불이야' 하는 소리가 들렸다. 그래서 남편이
후닥닥 일어나 밖으로 나가 보니 앞집에서 불이 나고 있었다. 남
편은 급히 돌아와 잠자는 아내를 흔들어 깨웠다.

"불이 났어, 불이 났어."

그러자 아내가 돌아누우며 말했다.

"불이 나왔다구요? 염치가 있어요, 없어요? 어젯밤에 하고도 또
삐어져 나왔어요? 도루 집어넣어요. 난 지금 고단해서 못하겠으
니까."

1246

·

피장파장

아내가 극 구경을 가자 홀로 남은 남편이 문 밖으로 나가 캄캄

한 밤에 정부(애인)가 오기를 기다렸다.

잠시 후 앞에서 여자가 뛰어오자 정부인 줄 알고 남편이 제꺽 끌어안았다. 그런데 그녀는 아내였다.

그러자 아내가 너무도 기뻐 막 키스를 퍼붓고 나서 말했다.

"얼른 떠나세요. 주인이 나오면 큰일나요."

알고 보니 아내도 그가 자기의 정부인 줄 알았던 것이다.

1247

누가 말을 잘 듣나

아버지가 일곱 자녀를 모아 놓고 물었다.

"누가 엄마 말을 제일 잘 듣지?"

그러자 일곱 자녀가 이구동성으로 대답했다.

"아빠야!"

1248

주정뱅이

주정뱅이 남편이 술만 마시면 행패를 부리거나 밤새워 욕설을 퍼붓거나 또는 왕왕 울어대다가 미친놈처럼 외마디 노래를 부르곤 했다.

그리고 쌀독이 거덜나도 도둑술만 마셔댔다. 그래서 아내가 바가지를 긁었으나 막무가내였다. 이에 아내가 말했다.

"할 수 없군요. 당신 술버릇 때문에 못 살겠으니 우리 그만 갈라 집시다."

"그럼 난 어디로 가라나?"

"지옥에나 가요."
"지옥에 가면 술이 있을란가. 그렇다면 가겠소."
남편의 술버릇은 끝내 어쩔 수 없었다.

1249

·

아내의 노래

아내가 늘 노래 부르기를 좋아했다. 그 소리가 너무 악청이어서 남편은 귀가 아플 정도였다.

그래서 남편이 집을 나와 휘 돌아다니다가 돌아오곤 했다. 그러자 아내가 뾰로퉁해서는 물었다.

"당신은 왜 내가 노래만 부르면 나가 버리세요?"
"남들이 내가 당신을 두들겨 팬다고 오해할까 봐 그러오."

1250

·

결혼 전과 결혼 후의 모습

여자들이 모여 앉아 남편의 결혼 전과 결혼 후의 태도를 의논하고 있었다.

그 중 한 여자가 말했다.

"우리 남편은 결혼 전에는 쩔쩔매다가 결혼 후에는 우줄렁거리다가 지금은 어리둥절해졌어요."

그러자 다른 여자가 말했다.

"아니 그래요? 우리 남편은 결혼 전에는 미친 것 같더니 결혼 후에는 불덩이 같더니 지금은 산산이 식어져 후줄근해졌거든요."

이번에는 세 번째 여자가 말했다.

"우리 남편은 결혼 전에는 불어대다가 결혼 후에는 성실하더니 지금은 밤늦게 돌아와 거짓말만 해요."

세 여자의 남편 흉보기는 과연 가관이었다.

1251

·

후 회

한 어머니가 딸에게 타일렀다.

"결혼 전에는 누구에게도 몸을 주지 말아야 한다. 처녀가 한번 실수하면 평생 고생이야."

"엄마는 자기가 처녀 시절에 잘못을 저지르고도 남을 훈계하시네."

"그러게 말이다. 난 네 애비 같은 못난이를 얻어 놓고 평생 이 고생을 한다."

1252

·

총경리의 부인

총경리의 부인이 새로 들어온 여비서에게 타일렀다.

"이전의 비서처럼 아가씨도 총경리의 꾀임에 들어선 안 돼요. 엉덩이를 가볍게 놀리다간 화를 입어요."
"그럼 이전의 비서는 어디로 갔어요?"
"그게 바로 나지."
그러면서 부인이 덧붙였다.
"한번 실수에 한평생 이 고생이오."

1253

장군의 부인

옛날 중국에 용맹하고 위풍당당한 장군이 있었다. 그는 백만 대
군을 거느리고 싸움에서 늘 혁혁한 전과를 올렸다.
그런데 집에서 부인에게는 꼼짝을 못했다.
"얼마나 보기가 난처합니까, 장군님?"
한 부하가 장군에게 여쭈었다.
"이번엔 꼭 우리가 승전고를 울
리며 돌아오는 길로 장군님댁 마
당에 의장대를 세우고 부인님 앞
에 위풍을 떨칩시다. 그러면 부인
님 태도가 달라질 게 아니겠어요."
그러자 장군이 잠시 주저하는 듯
하다가 마지못해 동의했다.
모든 군사가 갑옷을 떨쳐 입고
병기를 꼬나들고 지축을 울리며
장군네집 마당에 줄지어 들어섰다.
장군의 구령은 천지를 진감할 정
도로 우렁찼다.
그때 장군의 부인이 시종을 데리

고 툇마루에 나와 허리에 손을 얹고 장군에게 두 눈을 부릅떴다.
"무슨 짓들이야?"
그러자 장군이 제꺽 말에서 굴러내려 땅에 엎드리며 말했다.
"부인께서 어서 우리 병사들을 검열해 주십시오."

1254

·

누가 듣는가

약혼 때는 남자가 말하고 여자가 듣더니 결혼 후에는 여자가 말
하고 남자가 듣는 입장이 되었다. 그리고 몇 해 지나자 부부가 싸
우고 동네 사람들이 듣게 되었다.

제2부

·

중국·조선족, 그 외 소수민족 야담집

2101
·

암퇘지

암퇘지를 손수레에 싣고 수퇘지와 교배를 시켰다. 새끼를 빼 살림에 보태려고 시집을 보낸 것이다.

그런데 이튿날 돼지우리를 들여다보니 암퇘지가 안 보였다. 궁금해서 이곳저곳을 두루 살펴보니 암퇘지가 저 혼자 손수레에 올라가 척 누워 있었다. 어제처럼 또 재미를 보고 싶으니 수퇘지한테로 실어다 달라는 거였다.

2102
·

숫처녀

결혼 첫날밤에 신랑이 신부에게 물었다.
"너 참말 진짜 숫처녀가 맞아?"
그러자 신부가 대답했다.
"내가 숫처녀라는 건 앞집 아저씨가 알아요."
"그래, 어떻게 알지?"
"어느 날 밤 아저씨와 같이 누웠을 적에 아저씨가 '너 진짜 숫처녀로구나' 하고 말했었거든요."

2103
·

아전 인수격 계산

"요즘 장사는 어떤가?"

"아니, 나리께서 어떻게 이렇게 누추한 곳까지 오셨습니까? 덕
분에 그럭저럭 밥술이나 먹고 지냈습지요."
"음, 다행이군그래. 그래 금 한 돈에 얼마나 하는가?"
"얼마를 하든 나리껜 무조건 반값으로 드립지요. 암, 여부가 있
습니까."
"그래? 그럼 내일 내 집으로 한 돈짜리 반지 두 개만 가져오게."
"애, 잘 알겠습니다."
이렇게 하여 이튿날 반지 두 개를 가지고 왕량 집으로 갔다.
"나리님, 어제 부탁하신 반지 두 개를 가져왔습니다."
"음, 한 돈짜리 반지 두 개이겠지?"
"그렇습니다."
"좋아, 헌데 반지 하나는 필요가 없으니 그냥 가져가게."
"아, 그렇습니까. 그
럼 하나만 놓고 가겠
습니다."
"그렇게 하게나."
그런데 금방 주인이
자리에 서서 기다리고
있었다.
"아니, 여태 안 가고
뭘 하고 있나?"
"반지 대금을 주셔야
지요."

"대금이라니? 어제 자네가 반값에 주겠다고 했지 않았는가. 그
래서 두 돈에서 한 돈만 받고 한 돈은 그냥 돌려주었으니까 반값
으로 계산한 게 아닌가."

2104
·

서생의 아내

옛날에 한서방이 밤낮 손에 책만 들고 있었다. 그러자 아내가
한서방을 원망하며 말했다.
"난 차라리 당신의 책으로 돼버렸으면 좋았겠어요."
"왜?"
"그래야 당신이 늘 나를 손으로 받쳐줄 것 아니겠어요."
"그건 안 되지."
한서방이 말하자 아내가 또 말했다.
"당신의 책으로 났으면 좋았을걸요."
그러자 한서방이 급한 목소리로 말했다.
"난 늘 새책으로 바꿔 본단 말이오."

2105
·

동침이 몸

한 쌍의 부부가 제가끔 애인이 따로 있었다.
어느 날 밤 잠을 자다가 아내가 잠꼬대를 했다.
"맙시사. 이보세요, 어서 도망치세요. 남편이 와요."
"엉?"
남편이 놀라 깨어나서 바삐 신을 신었다.
"참 재수가 없군."
하더니 창문으로 도망쳐 갔다.

2106

·

내일 갚겠다는 빚쟁이

어떤 사람이 사업에 실패하여 잔뜩 빚을 지고 말았다. 그래서 사방에서 빚쟁이들이 몰려오자 집안 사람이 없다고 속여서 돌려보내곤 했다.

그러던 어느 날 일이 생겨서 꼭 밖에 나가야 할 형편이 된 그는 커다란 방갓을 깊숙이 눌러 쓰고 집을 나섰다. 가슴을 졸이며 사람의 왕래가 드문 골목길로 걸음을 재촉하는데 공교롭게도 빚쟁이 하나가 그를 알아보았다.

"이봐!"

빚쟁이가 그의 방갓을 툭툭 치며 말했다.

"도대체 어떻게 된 거야?"

"아, 예 예……, 내일 드립지요."

그는 당황한 나머지 고개를 푹 숙인 체 대꾸했다.

"매일 내일 내일 준다고만 하면 어떡해? 명심하라고 내 돈 떼어먹고는 오래 못 살 줄 알아!"

"내일은 꼭 갚아 드리겠습니다."

다행히 액수가 많지 않아 호주머니를 털어 그 돈을 갚음으로써 일이 잘 수습되었다. 그는 한숨을 내쉬며 또다시 길을 걷기 시작했다.

그런데 몇 발자국 가지 않아 갑자기 하늘이 시커멓게 변하더니 소나기가 쏟아지기 시작했다.

굵은 빗방울이 그의 방갓을 때리기 시작하자 도둑이 제발 저린다는 속담처럼, 그 사람은 이번에도 다른 빚쟁이가 자신의 방갓을 치며 빚 갚으라고 독촉하는 것으로 알았다. 그래서,

"내일은 틀림없이 갚아 드립지요. 급한 일이 있어서 그러니 오늘은 제발 놓아 주십시오. 부탁입니다."

하고는 고개를 숙인 채 더욱 발걸음을 재촉했다.

2107
·

비둘기

비둘기 한 마리가 날아가며 물똥을 찍 쌌다. 그래서 부인의 어깨에 비둘기 똥이 떨어졌다.

"여보세요, 어서 휴지 좀 꺼내세요."

아내의 말에 남편이 휴지를 꺼내들고 날아가는 비둘기를 흘겨보며 말했다.

"이놈아, 아무데나 똥을 갈기면 어떡하냐. 내가 어떻게 하늘에 올라가 네 밑구멍을 닦으란 말이냐?"

2108
·

버스를 뒤쫓다

버스를 타려고 하는 찰나에 버스가 막 떠나가 버렸다. 그래서 버스 뒤를 쫓아가며 서라고 소리를 질렀다. 그렇게 계속 뛰다 보니 어느새 집에까지 도착했다.

"여보, 오늘 나 버스값 40전을 절약했어."

"어떻게요?"

아내의 물음에 자초지종을 말했다. 그러자 아내가 핀잔을 주며 말했다.

"당신 택시를 뒤쫓았더라면 10원을 절약했을 텐데 맹랑하게 됐네요."

2109

고양이와 말하다

　남편이 늦게 집으로 들어서자 아내가 눈총을 주었다. 그래서 남편이 미안해 하며 소파에 가 앉으며 계속 고양이를 데리고 놀았다. 그러자 아내가 꽥 소리를 질렀다.
　"너, 그 미련한 돼지하구 놀게 뭐야?"
　이에 남편이 이상해 하며 물었다.
　"돼지가 어디 있어? 이건 고양이야."
　"당신보고 말한 줄 알아요? 고양이한테 말한 거지."

2110

천생 배필

　한쪽 눈이 먼 아가씨가 절름발이 총각에게 시집을 갔다. 둘은 첫날밤 서로 즐겁게 이야기를 나누었다.
　"어쩌다 이렇게 절름발이가 됐나요?"
　"님이 하도 이쁘다고 하기에 뛰어오다가 넘어져서 그만 다리가 부러졌지. 그런데 님은 왜 한쪽 눈이 멀었어요?"
　"님이 나 때문에 다리가 부러졌다는 소식을 듣고 울다울다 그만 한쪽 눈이 멀어졌지요."
　"그러니 우린 천생 배필이구만."
　둘은 더욱 꼭 껴안았다.

2111

·

갈비 도둑

생김새가 험상궂은 한 남자가 푸줏간 앞을 지나가다가 가게 밖에 큼직한 암소 갈비 한 짝이 걸려 있고, 안에는 아무도 없는 것을 발견하고는 생각했다.

'가지고 도망쳐야지!'

갈비를 집어들고 막 자리를 뜨려는 순간 푸줏간 주인이 가게로 들어오면서 주위를 두리번거렸다.

"아니, 저기 걸어 놓았던 갈비 한 짝이 어디로 갔담!"

도둑은 깜짝 놀라 갈비짝을 등뒤에 감추고 우물거렸다. 그 모습을 지켜보던 푸줏간 주인이 수상쩍게 생각하고는 그를 다그쳤다.

"여보시오, 여기 걸렸던 갈비 못 보았소?"

다급해진 도둑이 손에 들었던 갈비짝을 입에다 물고 말했다.

"여보시오, 고기를 가게 밖에 걸어 두었다가 잃어버리면 어떡하려고 그랬소? 이렇게 입에 물고 있어야 안전하지요."

그리고는 주인이 멍하니 바라보는 사이에 그곳을 잽싸게 달아나 버렸다.

2112

·

유 언

남편이 지붕에 올라가 이엉을 손질하는 동안 아내는 주방에서 점심밥을 짓고 있었다.

그런데 남편이 부주의로 그만 지붕에서 굴러 떨어지고 말았다. 마침 주방 창문 쪽으로 떨어지면서 주방에다 대고 제격 유언 한마디를 남겼다.

“여보, 내 점심밥은 짓지 말아요.”

2113
·

말단지

아내가 온종일 주절거리며 입을 다물 줄을 몰랐다. 그러더니 저녁에 잠자리에 누워서도 남편에게 계속 말을 했다.

“여보, 창문들을 죄다 닫았어요? 그리고 액화 가스도 제대로 꼭 닫았어요?”

그러자 남편이 너무 시끄러워 이렇게 대답했다.

“당신 말단지 하나만 닫지 못하고 닫을 건 다 닫았소.”

2114
·

후처의 나이

어떤 홀아비가 후처를 맞아들였다.

홀아비는 후처가 처음부터 과부라는 사실을 알고 있었지만 혼례를 치른 다음 첫날밤에 후처의 얼굴을 들여다보니 얼굴에 주름이 가득한 것이었다.

그래서 홀아비가 과부에게 말했다.

“당신, 올해 몇 살이오?”

여자는 수줍은 듯 고개를 숙이며 가만히 말했다.

“마흔다섯입니다.”

이 말을 들은 홀아비는 눈살을 찌푸리며 말했다.

“혼서에는 서른다섯 살이라고 하지 않았소? 그런데 지금은 마흔다섯이라니! 진짜 나이를 말해 보구려.”

그러자 여자가 마지 못한 듯 대답했다.

"사실은 쉰네 살이에요. 속여서 기분이 언짢으시겠지만 용서하시어요."

남편은 그 말도 거짓말인 것 같아 자꾸 캐어물었으나 여자는 똑같은 말만 되풀이할 뿐이었다.

홀아비는 궁리 끝에 진짜 나이를 알아낼 좋은 방법을 떠올렸다.

그는 시치미를 떼고 자리에서 벌떡 일어나며 옷을 주워 입었다.

"어디를 가시려고요?"

여자가 묻자 신랑이 급히 말했다.

"내가 깜박 잊었소. 장독대에 가서 소금 독의 뚜껑을 단단히 덮고 와야겠소. 그렇게 하지 않으면 쥐 등쌀에 소금이 하나도 남아나지 않을 것 같소."

"참 희한한 소릴 다 듣겠네요. 내 나이 예순여섯에 쥐가 소금을 물어 간다는 말은 처음 들어 보는걸요."

이렇게 해서 여자는 자기 나이를 실토하고 말았다.

2115
·

노 새

한 쌍의 부부가 매일같이 다투기만 했다. 이렇게 다투는 데 신물이 나서 창문 밖을 내다보던 남편이 아내에게 말했다.

"여보, 저기 좀 봐. 말 두 필이 나란히 짐을 끌지 않소. 우린 왜 저렇게 못할까?"

그러자 아내가 말했다.

"안 돼요. 그럼 우리 둘 중에 하나는 노새가 돼야 하잖아요."

2116

·

가르침을 받다

젖소가 주인이 없는 사이에 집에 들어와 독에 넣어 둔 쌀을 훔쳐먹다가 그만 머리가 독 입구에 걸려 나오지 않았다. 주인이 돌아와 이런 형편을 보고는 안절부절 못하며 말했다.

"여보 마누라, 어떻게 하면 좋겠소?"

그러자 마누라가 도끼를 가져다가 남편에게 주며 말했다.

"소 목을 쳐 봐요. 그럼 소가 나올 테니깐요."

남편이 부인의 말대로 소의 목을 쳤다. 그랬더니 소의 몸뚱이는 떨어졌으나 머리는 여전히 독 안에서 나오지 않았다.

"여보, 소 대가리가 아직 독 안에 있소."

"그럼 독을 깨 버리세요."

그래서 남편이 독을 깼다. 그제야 소 머리가 나왔다.

그런데 갑자기 아내가 대성통곡을 하는 것이었다.

"왜 우는 거요?"

"아이고 내가 죽은 뒤엔 당신이 어디 가서 이런 가르침을 받겠어요."

2117
·
공평한 분배

두 사람이 건들건들 논 지도 반 년이 넘었다. 그러자 뭔가 해야 하지 않겠는가 하는 생각이 들었다. 그래서 머리를 맞대고 상의한 끝에 술장사를 하기로 했다.

"우리 힘을 모아 술을 만들어 팔아 볼까?"

"좋지."

"그럼 자본은 어떤 방법으로 투자하지?"

"방법이라? 그런 골치 아픈 것은 생각할 필요 없어. 술을 만드는 데 중요한 것은 쌀과 물이야. 내가 물을 책임지고 대지."

"그러면 내가 쌀을 대라는 말인가? 그럼 나중에 서로 계산은 어떻게 하고? 쌀을 댄 나하고 물을 댄 자네하고는 당연히 가져갈 몫도 달라야 하지 않겠나. 어떻게 하면 공평하게 되겠나?"

"그거야 걱정할 필요 없어. 내가 벌써 그 방법을 생각해 놓았다네. 이치대로 나누면 돼. 즉 술이 익으면 거기서 나오는 물은 물을 댄 내가 갖고, 나머지는 당연히 쌀을 댄 자네가 가지면 될 게 아닌가."

2118
·
웃 음

마누라가 기어이 사진을 찍으러 가자고 조르는 바람에 영감이 마지못해 사진관으로 끌려갔다.

사진사가 노인을 보고 말했다.

"영감님, 얼굴에 웃음 좀 띠우세요."

그러자 영감이 마누라를 보고 말했다.

"여보, 2분 동안만 자리를 피해 주오. 마누라가 곁에 있으면 웃음이 안 나오거든."

2119
·
요리사

음식점의 요리사가 집으로 돌아와 물만두를 빚어 먹으려고 돼지고기를 한 근 사왔다.

아내와 둘이서 물만두를 다 빚고 나니 돼지고기가 반 근이나 남았다. 그러자 요리사가 아내가 돌아서는 사이에 남은 돼지고기를 제꺽 품안에 집어 넣었다.

이 모습을 보고는 아내가 물었다.

"왜 고기를 품안에 집어넣지요?"

"아차 실수했군."

"왜 그래요?"

"음식점에서 버릇이 됐단 말이야."

2120
·
구두쇠 영감의 유언

일생 동안 구두쇠 노릇만 하던 영감이 임종을 앞두고 가족들을 모두 불렀다.

"남들에게 많은 욕을 먹으면서 재산을 모으고 보니 이제 아까워서라도 못 죽겠다. 그러나 천명은 어쩔 수 없는 일. 내가 죽거든 가죽은 벗겨서 피혁상에 팔고 고기는 푸줏간으로 넘기며, 뼈는 추려서 칠기점에 팔아야 한다. 부디 명심하거라."

지금까지 끔찍이도 아끼던 자기 몸을 꼭 이렇게 처분하라는 유언을 한 그는 식구들의 확답을 듣고서야 간신히 눈을 감았다.

이에 식구들이 치상 준비를 하는데, 반나절 만에 죽은 사람이 다시 깨어났다.

"깜박 잊고 간 게 있어서 일러주려고 다시 돌아왔다. 요즘 세상이 하도 각박하니 절대로 외상은 주지 마라."

하고 다시 눈을 감았다.

2121

·

게으름뱅이

게으르기 짝이 없는 남편이 이불 속에서 일어나지도 않고 아내에게 말했다.

"여보, 난 칼국수를 먹고 싶어."

그래서 아내가 밀가루를 반죽하고 나서 남편에게 칼도마를 가져오라고 했다. 남편은 일어나기가 싫었다. 그래서 아내에게,

"내 등에다 반죽한 걸 놓고 도마처럼 쓰면 될 거 아니오. 일어나기 싫어 죽겠단 말야."

하고 말했다. 그러자 아내가 엎드리고 있는 남편의 등에다 반죽한 걸 놓고 썰기 시작했다. 그리고 잠시 후 남편의 등에서 피가 흐르는 것을 보고 아내가 물었다.

"아프지 않아요?"
그러자 남편이 눈살을 찌푸리며 말했다.
"아프긴 아파도 어쩌겠소. 일어나기 싫은걸."

2122

·

잡기도 전에 먹을 궁리

어느 날 형제가 사냥을 나갔다가 기러기 한 마리를 발견했다. 형이 먼저 활시위를 당기면서 말했다.
"저놈을 잡아 푹 삶아 먹어야지."
그러자 곁에서 동생이 대꾸했다.
"옛날에 앉은 기러기는 삶아 먹고, 날아가는 기러기는 구워 먹는 게 좋다는 말이 있습니다."
그래서 형제가 다투기 시작했는데 결론이 나질 않았다. 그런데 마침 지나가던 노인이 이것을 보고 말했다.
"여보게들, 반은 삶아 먹고 반은 구워 먹으면 될 게 아닌가."
그제야 형제는 옳다고 생각하고 입씨름을 그쳤다. 그때 다른 한 노인이 형제들에게 일깨워 주었다.
"그런데 기러기는 이미 날아가고 빈 하늘만 남았구먼. 허허허……."

2123

·

반창고

주정뱅이가 술에 취해 엎어지고 넘어지며 집으로 들어갔다. 얼굴이 온통 상처투성이였다. 그래서 화장실로 들어가 거울 앞에서 자기 얼굴에다 반창고를 다닥다닥 붙였다.

이튿날 아내가 남편을 흔들어 깨웠다.

"술을 다시는 안 마시겠다고 다짐을 해 놓고는 왜 또 마셨어요?"

"내가 언제 술을 마셨어?"

그러자 아내가 남편을 끌고 화장실로 들어갔다.

"봐요. 이건 뭐예요?"

그런데 어찌 된 일인지 화장실 거울에 반창고가 다닥다닥 붙어 있었다. 주정뱅이가 그만 술김에 거울 속 얼굴에다 반창고를 붙인 것이었다.

2124
·

할말이 없습니다

어느 마을 부자의 사랑방에서 그를 둘러싼 아름다운 소실들이 제각기 아양을 떨었다.

"저는 영감님의 눈매에 반했어요."

"저는 입 모양에 녹았죠……."

"저는 그 음성에 그만……."

그들은 각기 교태를 부렸다.

그러자 나이 어린 애첩이 갑자기 눈물을 흘리기 시작했다. 이에 영감이 깜짝 놀라며 그녀에게 물었다.

"너는 어째서 우느냐?"

그녀는 아직도 어린 티가 가시지 않은 앳된 모습으로 말했다.

"제가 말할 것을 언니들이 모두 다 말했으니 저는 이제 무슨 말을 합니까."

2125

·

저승은 좋은 곳

"여보게, 만약 저승이 있다면 도대체 어떤 곳일까? 그곳은 사람이 못 살 데가 아닐까?"

그러자 옆에 있던 사람이 말했다.

"아마도 살기 좋은 곳일 거야."

"아니, 자네가 어떻게 그걸 아는가?"

"만약 저승이 살기 나쁜 곳이라면 이제까지 죽은 사람들이 모두 도망쳐 나왔을 텐데, 이제까지 한 사람도 도망쳐 나온 사람이 없잖은가?"

2126

·

차라리 일어나지 말걸

어떤 사람이 길을 가다가 길가의 돌부리에 걸려 넘어졌다.

"오늘 재수가 더럽게 없네."

그 사람은 한바탕 악담을 퍼붓고 일어나서 먼지를 털고 다시 걸어갔다.

그런데 얼마 가지 않아 또 돌에 걸려 넘어지고 말았다.

그는 억울하다는 듯이 말했다.

"또 넘어질 줄 알았더라면 차라리 아까 일어나지 말걸."

2127
·

도둑님

어떤 도둑이 물건을 한 보따리 훔쳐가지고 집으로 돌아가고 있었다. 욕심 많은 도둑은 한 집을 더 털 생각으로 어떤 집에 들어갔는데 그 집은 뜻밖에도 포졸의 집이었다.

도둑이 마당을 지나 안채로 들어가는 창을 들여다보니 채 옷도 벗지 않은 포졸이 험상궂은 얼굴로 이쪽을 노려보고 있었다. 도둑은 혼비백산하여 들고 온 보따리도 놓아 둔 채 달아나고 말았다.

"게 섰거라!"

포졸이 소리를 지르며 쫓아 나갔다.

하지만 이미 도둑은 사라지고 없고 보따리 하나만 놓여 있었다. 포졸이 보따리를 풀어 보니 가죽옷 한 벌이 들어 있었다.

"선물을 놓고 가는 도둑도 있나?"

포졸은 은근히 기뻤다. 포졸은 매일같이 그 옷을 즐겨 입으면서 다시 도둑이 오기를 기다렸다.

하지만 아무리 기다려도 도둑이 다녀간 흔적이 없자 포졸은 몹시 서운하다는 투로 말했다.

"도둑님이 왜 안 오실까?"

포졸은 도둑님이라고까지 하면서 아쉬워했다.

2128
·

아내의 생일

"오늘 아내의 생일인데 별반 돈을 들이지 않고 어떤 선물을 사면 좋을는지 모르겠네."

그러자 그의 친구가 방법을 가르쳐 주었다.

"가명으로 자네 아내에게 연애편지를 써 보내게. 그러면 진종일 좋아할 거네."

2129

·

사다리를 놓고 올라 물어

뒷골목에서 두 사람이 싸우다가 한 사람이 상대의 코를 물고 늘어졌다.

그리하여 두 사람이 모두 관가에 끌려갔는데, 가해자는 목격자가 하나도 없었음을 기회로 굳이 자기가 물지 않았다고 주장했다.

"그럼, 누가 물었다는 말이냐?"

"저 사람이 저에게 덮어씌우려고 그러는 것입니다."

관원은 기가 막혔다.

"이놈아, 입이 어떻게 제 위에 달린 코를 물 수 있단 말이냐? 서툰 수작 말아라."

그래서 대답이 궁해진 가해자는 잠시 궁리 끝에 이렇게 말했다.

"아마 그놈이 사다리를 타고 올라가 물었겠지요."

2130
·

결혼 기념일

"오늘은 웬일로 단설기를 다 사 왔나?"
남편의 말에 아내가 대답했다.
"잊었어요? 오늘이 당신 결혼 기념일이란 걸요?"
"오, 고맙소. 그럼 마누라 결혼 기념일에는 내가 뭘 사다 줄까?"
"예!?"

2131
·

두부보다 고기가 좋아

한 꽁생원이 횡재를 해 벼락부자가 되었다. 갑자기 부자가 되자 행여나 재산이 없어질까 두려워 지독한 구두쇠 노릇을 했다.
하루는 손님이 집에 찾아와 마지못해 밥상을 내오게 됐는데, 반찬이라고는 오직 두부뿐이었다.
"히이……."
손님은 약간 언짢은 표정을 지었지만 묵묵히 밥을 먹기 시작했다.
"왜 그러시는지요? 찬이 마음에 안 드십니까?"
"아니, 뭐 별로……."
"저는 원래 두부가 없으면 밥을 먹지 않습니다. 두부가 내 식생활의 전부입니다."
"네에, 그러시군요."
손님은 반신 반의하며 맞장구를 쳤다.
며칠이 지나 구두쇠가 일전에 자기 집을 방문했던 손님 집을 찾아갔다.

"일전에 멋진 두부 요리를 대접받고 아주 맛있게 잘 먹었습니다."

그러자 두부를 좋아한다는 손님이 말했다.

"저는 두부 없인 못 사는 사람이지만 댁에서야 얼마든지 더 좋은 요리를 드시겠지요?"

"아니, 그렇지도 않습니다."

이때 저녁상이 들어왔다. 상다리가 부러지게 잘 차린 진수성찬인데다 그 많은 음식마다 모두 두부가 섞여 있었다. 주인은 손님이 두부를 몹시 좋아한다는 것을 알고 특별히 모든 음식에 두부를 꼭 넣도록 아내에게 당부해 두었던 것이다.

구두쇠 양반이 젓가락을 들고 먹기 시작하자 두부는 안 먹고 고기만 골라 먹는 것이었다. 그래서 이상하게 여긴 주인이 물었다.

"선생, 지난번에 두부가 없으면 식사를 못하신다기에 특별히 모든 요리에 두부를 넣어 만들도록 했습니다. 그런데 오늘은 두부는 입에 대지도 않으시는군요?"

그러자 구두쇠가 어색하게 웃으면서 대답했다.

"막상 고기를 보니까 갑자기 두부는 못 먹고 죽어도 좋다는 생각이 드는군요."

그러면서 구두쇠는 다시 고기로 젓가락을 가져갔다.

2132

·

오늘 밤부터는 누구와

어떤 남자가 아내를 장사지내고 그야말로 비오듯 눈물을 쏟았다. 그래서 친구들이 그를 위로하며 말했다.

"자네, 너무 슬퍼하지 말게. 앞으로 또 다른 여자를 만나 새로운 사랑이 싹틀지도 모르지 않는가."

그러자 그가 울먹이면서 말했다.
"오늘 밤부터 누구와 자야 좋단 말인가?"
"애끼 이 사람, 누구와 자길 바라나?"

2133
·

새 치마

가난한 집에 미련한 아내가 살고 있었다. 아내는 치마 하나를 여러 해 동안 깁고 또 기워 입었다. 그래서 이제는 더 이상 기워 댈 천조각이 없었다. 그러자 아내가 울면서 말했다.
"이젠 무슨 면목으로 나다니겠어요?"
"그럼 굶더라도 내가 오늘 번 돈으로 새 치마를 사 오지."
남편이 아내에게 치마를 하나 사다 주었다. 그래서 그날은 굶을 수밖에 없었다.
남편이 일찍 자리에 누워 한잠 자고 일어나 보니 아내가 새 치마를 조각조각 찢어서 헌 치마를 깁고 있었다.
"이게 무슨 짓이야?"
남편이 버럭 성을 냈다. 그러자 아내가 좋아라 웃으며 말했다.
"봐요, 낡은 치마를 다 깁고도 천 조각이 꽤 남았어요. 일 년 동안은 문제없어요."

2134
·

안쪽 주머니에 지갑

극장에서 부인의 지갑을 훔친 혐의로 젊은 남자가 재판에 회부되었다. 재판관이 그 부인에게 물었다.

"지갑을 어디에 넣어 두었습니까?"
"치마 안쪽 주머니입니다."
"그럼 범인은 치맛자락 안으로 손을 뻗은 것이군요?"
"네 그렇습니다."
"그런데 당신은 그것을 몰랐습니까?"
"알고 있었죠."
"그럼 왜 그때 그의 손을 뿌리치지 않았습니까?"
"전 지갑이 목표라고는 꿈에도 생각지 못했거든요."

2135

하녀와 키스로 밍크 코트

어떤 여자가 화려한 밍크 코트를 친구들에게 자랑했다.

그러자 친구들이 부드러운 듯이 말했다.

"넌 부자 남편을 만나 참으로 좋겠구나."

"아니야. 이건 남편이 꼼짝없이 사 줘야 할 곤경에 빠졌기 때문에 사 준 것뿐이야."

"그게 무슨 말이야?"

"하녀와 키스하는 현장을 내가 목격했지 뭐야."

"그럼 넌 코트를 얻고 하녀는 당장 쫓겨났겠구나?"

"아니야. 하녀는 그대로 눌러 있기로 했어. 난 아직도 드레스와

모자, 구두 등이 필요하거든."

2136

비법 혼인

한 쌍의 부부가 다투다가 마누라가 성이 나서 말했다.
"당신에게 시집온 게 후회막심하군. 차라리 마귀에게 시집갔으면 더 좋았을 것을."
"그건 안 될 일이지."
하고는 남편이 덧붙였다.
"마귀와 당신은 사촌간이잖아. 근친 결혼은 비법적이거든."

2137

야광 시계

결혼 기념일 날 남편이 사무실에서 아내에게 전화를 걸었다.
"오늘 당신을 즐겁게 해 줄 테니 일찌감치 집안의 전등을 꺼요."
그러자 아내가 남편의 심사를 알아맞히고 치장을 곱게 하고는 성감이 느껴지는 잠옷을 입고 전등을 끄고 남편을 기다렸다.
마침내 남편이 들어오자 아내가 키스해 주기를 바라며 눈을 감았다.
"여보, 여보, 눈을 떠요."
남편이 아내를 흔들었다.
"이봐, 야광 시계야. 번쩍번쩍하는 게 얼마나 이뻐. 이쁘지?"

2138

쌍둥이의 진짜 아버지

쌍둥이를 낳은 아내가 진지한 표정으로 의사에게 물었다.
"선생님, 쌍둥이의 아버지가 각기 다른 경우도 있습니까?"
"그런 일은 없습니다. 두 쌍둥이든 세 쌍둥이든 아버지는 같습니다. 왜 그러세요, 부인?"
"남편이 아이를 보더니 하나는 자기를 닮았는데 다른 아이는 우유 배달부를 닮았다고 언짢아했거든요."

2139

두 냥 주고 산 신발

"새로 신발을 한 켤레 샀는데 구경 좀 하게."
"음, 좋군. 내가 어제 산 것하고 똑같군. 이거 보게."
상대방은 한쪽 발을 들어 보였다.
"음, 정말 똑같군. 그래, 얼마 주고 샀는가?"
"두 냥을 주고 샀지."
"뭐라구? 두 냥이라니! 난 똑같은 걸 네 냥이나 주고 샀는데……. 가만있어라. 그 신발 장수 녀석을 혼내 줘야겠구나. 에잇, 이 괘씸한 녀석!"
"이봐! 왜 팔까지 걷어붙이고 야단이야? 진정해. 이쪽도 두 냥을 주고 샀단 말야."
하고 그가 아까 들었던 반대쪽 다리를 번쩍 들었다.

2140

·

두 동강이 난 우산

삐쩍 마르고 허약한 남자가 있었다.

그가 어느 날 집에 돌아와 보니 아내가 씨름 선수같이 건장한 남자와 즐기고 있었다.

남편은 주먹을 움켜쥐고 얼굴이 붉으락푸르락해서 방안을 서성거리다가 건장한 남자가 가지고 온 우산을 발견했다.

그는 그것을 집어 무릎에 대고 꺾어 두 동강이를 내더니 커다란 한숨과 함께 기도했다.

"하나님, 제발 큰 비를 내려 주소서!"

2141

·

말 많은 마누라

"당신 마누라는 어느 때 말이 제일 적은가?"

"2월 달일세."

"그건 왜?"

"2월은 28일밖에 없으니까."

2142

·

신랑 자랑

금방 출가한 신부가 신랑의 친구를 보고 말했다.

"우리 집 그이는 참 좋아요. 친구를 만나기만 하면 자기야말로 세상에서 제일 이쁜 여자와 결혼했다고 자랑하거든요."
　친구가 이 말을 듣고 말했다.
"이 세상에 그 말을 믿을 사람이 누가 있겠어요."

2143
·

다가가면 울어

　교통사고로 성기가 절반쯤 잘려 버린 남자가 있었다. 그런데 다
행히 의사가 교묘하게 치료해서 무사히 퇴원하게 되었다.
　그 사실을 아는 친구가 어느 날 그를 만났다.
"수술의 결과는 어떤가?"
"그저 그래. 사실은 수탉의 목을 붙인 거야."
"그거 진기한 이야기군."
"그래서 아내를 실망시키지 않게는 되었지만 불편한 점이 하나
있어. 그것이 아내에게 다가가면 꼬끼오 하고 울거든."

2144
·

술잔은 채워야

　잔치에 초대받고 간 술꾼이 몹시 불만스런 얼굴로 앉아 있었다.
이유는 주인이 손님에게 술을 따르는데, 무엇이 아까운지 술을 잔
에 가득 채우지 않고 반만 따라 주기 때문이었다.
　몇 번을 따라도 마찬가지여서 손님은 더 이상 참을 수가 없어
한마디 했다.
"주인 어른, 혹시 댁에 톱이 없습니까? 있으면 좀 빌립시다."
"예? 톱을 무엇에 쓰시려고? 술을 잡수다 말고……."

그러자 손님이 자기 앞에 놓인 술잔을 가리키며 말했다.
"보아하니 제 술잔이 너무 높은 것 같습니다. 위쪽 절반을 잘라 버리고 기분 좋게 가득가득 받아 마셨으면 해서요. 잔은 차야 맛이 아닙니까."

2145

이혼하면 받을 계산

아내가 아이를 낳아 병원에서 집으로 돌아왔다. 남편은 아이가 과연 내 아이일까 하고 의심을 품고 있었는데, 실제로 보니 아이가 전혀 자기를 닮은 데가 없었다.
그래서 화가 난 남편이 소리질렀다.
"당신 결혼하고 나 말고 몇 남자나 상대했어?"

그리고는 분을 못 이겨 집을 나오고 말았다. 집을 나온 남편이 길에서 한 시간 가량 서성거리다 보니 감정이 좀 누그러졌다. 그래서 다시 집으로 돌아와 무엇인가를 골똘히 생각하고 있는 아내에게 말했다.

"아까 내가 당신에게 한 얘기는 생각하지 마."
그러자 아내가 말했다.
"난 지금 당신하고 이혼하면 얼마를 받아야 하나 계산하고 있는 중이에요."

2146
·
치 장

  부부가 함께 외출을 하는데 아내가 곱게 치장을 하고 나와서는 말했다.

"전 준비가 다 됐어요. 그런데 당신은 왜 아직도 수염을 깎지 않았어요?"

  그러자 남편이 대답했다.

"당신을 기다리는 시간이 너무 오래여서 그 동안 나도 모르게 수염이 또 자란 거요."

2147
·
장님도 상팔자

  장님 둘이서 길을 가다가 한 사람이 말했다.

"우리 장님처럼 좋은 것도 없지. 눈뜬 사람들은 하루 종일 벌어야 하는데 그것에 비하면 우리들은 정말 상팔자지 뭔가."

  이 말을 뒤에서 따라오며 듣던 농부들이 서로 눈짓을 하였다. 그들은 관리인 것처럼 목소리를 꾸미고는,

"길을 비켜라."

하며 괭이 자루로 장님들을 한 대씩 때린 다음 쫓아 버렸다.

  놀란 두 장님은 허둥지둥 도망을 치다가 길 옆 풀숲에 털썩 주저앉아 가쁜 숨을 돌렸다.

"아이쿠, 큰일날 뻔했다. 우리가 눈이 멀쩡했다면 매로만 끝났겠

어? 벌금까지 물어야 했을 거야……."
두 사람은 이렇게 말을 주고받았다.

2148
·

일분만

부부가 오랜만에 밖에 나가 식사를 하기로 했다. 남편이 문 밖에서 소리를 질렀다.
"나 이번이 마지막으로 묻는 거야. 언제 치장이 다 끝나는 거야?"
그러자 마누라가 침실에서 대답했다.
"그만 좀 떠드세요. 내가 진작 말했잖아요. 일분만 기다리라고."

2149
·

빗장을 문 밖에 단 목수

어느 서투른 목수가 부잣집에 불려가 문을 만들었다. 그런데 그만 실수하여 빗장을 문 밖에 달았다. 이를 본 주인이 노하여 욕을 하며 말했다.
"이런, 눈을 멀뚱히 뜨고도 빗장을 문 밖으로 달다니, 형편없는 사람이군."
그러자 목수가 다시 고쳐 달면서 응수했다.
"주인 양반이야말로 소경이군요."
이 말에 주인은 더욱 기가 차서 소리질렀다.
"내가 소경이라니……!"
"주인 양반에게 눈이 있다면 나 같은 목수를 부를 리가 없지 않습니까?"
하고 목수는 맘껏 비웃어 주었다.

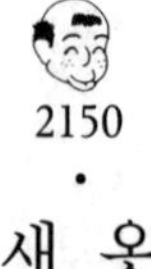

2150
·

새 옷

마누라가 훌쩍훌쩍 울면서 말했다.
"어쩌면 이웃집 아줌마의 옷과 꼭 같은 걸 사왔대요?"
그러자 남편이 말했다.
"또 새옷을 사 달라는 거요?"
"그럼요. 그렇게 하는 게 우리가 이사를 가기보담은 낫잖아요."

2151
·

일기 예보

아내가 남편에게 말했다.
"내일 날씨가 좋으면 옷 사러 갈까 하는데요. 텔레비전에서 일기가 어떻다고 하던가요?"
"소낙비가 내리고 미친 바람이 불고 벼락이 치고 게다가 지진까지 일어난다고 했소."
하고 남편이 골난 듯이 말했다.

2152

좋은 꿈도 해석에 따라 악몽

일생을 주색에 파묻혀 살아온 한 노인이 어떻게 해서 또 새로운 첩을 맞아들일까 고심하던 중에 나막신을 신고 이층을 올라가 커다란 북 위에 주사위를 굴리는 꿈을 꾸었다.

노인은 그 꿈이 너무도 이상해서 곧 점쟁이에게 해몽을 하러 갔다. 그런데 마침 점쟁이가 출타중이라 그 제자에게 해몽을 부탁했다.

제자는 잠시 생각하다가 말했다.

"나막신을 신고 이층에 오른 것은 앞으로 지위가 높아진다는 뜻이며, 또 뼈로 만든 주사위를 가죽으로 된 북 위에서 굴린 것은 솔개가 나는 것이니 당신의 이름이 널리 퍼진다는 뜻이군요."

그 말을 들은 노인은 몹시 기뻐하며 아무 생각 없이 첩을 얻었다. 그리고 밤낮으로 정열을 불태우며 향락에서 헤어나질 못했다.

마침내 노인은 한 달도 못 가서 기진맥진하여 자리에서 일어나지도 못하게 되었다. 세상에서 좋다는 보약은 다 써 보았으나 소용이 없었다. 노인은 덜컥 겁이 나서 점쟁이를 불러 왔다.

노인은 예전에 꾸었던 꿈을 다시 이야기하고 해몽을 부탁했다.

그러자 점쟁이가 고개를 좌우로 흔들면서 한숨을 쉬었다.

"그것은 제자가 해몽을 잘못한 것이오. 노인의 연세로는 버선발로 이층에 올라가는 것도 조심을 해야 하는데 나막신을 신고 가파른 계단을 올랐다는 것은 자칫 잘못하다간 떨어진다는 암시가 아니겠소."

이 말에 노인은 간담이 서늘해졌다.

그는 앙상한 손을 내밀며 점쟁이를 붙잡고 다시 물었다.

"선생, 그럼 주사위를 북 위에 굴린 것은 무슨 뜻일까요?"

점쟁이는 딱하다는 듯이 노인을 바라보며 말했다.

“생각해 보십시오. 주사위를 던질 때는 주먹 속에서 한참 흔든 후 던지는 게 아닙니까. 가죽 두 장으로 만든 북에 주사위를 던졌다 함은 두 장의 가죽에 끼어 죽게 된다는 꿈이지요.”

그 말에 깜짝 놀란 노인은 당장 젊은 첩을 내보내고 절제 있는 생활을 해 나갔다.

2153
·

견부 처녀 모

어느 마을에 좀처럼 성내는 일이 없는 한 여인이 있었다. 어느 날 청년 몇 사람이 모여 그녀를 웃기거나 성내게 할 수 있는지 내기를 했다. 그 중 한 청년이 나서며 자신있게 말했다.

“내가 그녀를 웃길 테니 두고 봐라.”

이때 마침 그녀가 개를 데리고 자기 집 대문 앞에 서 있었다. 청년은 재빨리 그녀의 앞으로 다가가서 개 앞에 무릎을 꿇고 태연스럽게 말했다.

“아버님!”

이 모습을 지켜보던 그녀는 자기도 모르게 웃어버렸다. 이때 청년이 재빨리 그녀의 앞에 엎드려 말했다.

“어머님!”

그녀는 갑자기 웃음을 거두더니 몹시 성난 표정을 지으면서 그 청년에게 마구 욕설을 퍼부었다.

2154

매일 해 드리지요

홀아비로 늙어 온 아버지를 위해 효자였던 아들이 적당한 노파를 수소문해서 결합을 해 드렸다.

아들은 부친의 신방이 궁금하여 아내와 둘이 몰래 살펴보기로 했다.

그들이 신방 앞에 다가가서 문틈에 귀를 바짝 갖다 대니 안에서 두런두런하는 말소리와 함께 부스럭거리는 소리가 들려 왔다.

"아이 영감도 참! 이것도 더 올리세요."

"그래 거기야!"

이런 소리가 들리자 아들은 옆에 서 있는 아내와 얼굴을 마주 보았다.

이윽고 방에서 다시 아버지의 목소리가 들려 왔다.

"마누라가 제일이군! 이렇게 좋은 것을 잊고 살았다니, 내가 왜 좀더 일찍 당신을 만나지 않았을까?"

아버지는 몹시 만족해 하는 것 같았다. 아버지의 목소리가 잠시 끊어지더니,

"당신 때문에 정말 오랜만에 기분이 좋았소. 자, 그럼 이번에는 내가 당신을 기쁘게 해 주지."

하자 곧 노파의 목소리가 뒤따랐다.

"그렇게 좋으시면 매일같이 해 드리지요. 그게 뭐 힘드나요."

그들의 애기를 엿듣고 있던 아들과 며느리는 신방에서 벌어지고 있는 광경이 궁금해서 견딜 수가 없었다.

'어쩌면 젊은 사람 뺨치게 정력들이 좋으실까? 그게 뭐 힘드나요? 매일같이 해 드리죠……라니. 꽹장한 마나님을 얻어 드렸군 그래.'

두 내외는 침을 발라 드디어 신방의 창문을 뚫었다.

먼저 신방을 들여다보던 아들이 킥킥거리더니 아내를 끌어다가 신방을 엿보게 했다.

며느리는 문구멍으로 시부모의 방을 들여다보다가 하마터면 웃음을 터뜨릴 뻔하여 급히 물러 나왔다. 방으로 돌아온 두 내외는 서로 허리를 잡고 웃었다.

가슴을 두근거리며 들여다본 두 사람의 눈앞에는 마나님에게 등을 돌리고 앉아 앙상한 손으로 등을 긁게 하고 있는 아버지의 모습이 펼쳐졌던 것이다.

2155
·

한 잔은 아버지 몫

어떤 남자가 매일 술집에 와서 항상 고량주 두 잔을 시켜 마셨다. 이를 궁금하게 여기던 술집 주인이 물었다.

"손님은 왜 술을 꼭 두 잔씩 시켜 마십니까?"

"아버님이 며칠 전에 돌아가셨는데, 아버님께서 나에게 술을 마시게 되면 당신 몫으로 한 잔 더 마시라는 유언을 남기셨기 때문이오."

그런데 몇 주 후에 이 남자가 갑자기 술을 한 잔만 시켰다.

"오늘은 왜 한 잔만 드십니까? 손님, 그럼 아버님 몫은 어떻게 하시구요?"

이상하게 생각한 술집 주인이 물었다.

그러자 남자가 대답했다.

"이 술잔은 아버님을 위한 것이오. 난 술을 끊었소."

2156

·

때려 죽여 주시오

한 남자가 마누라를 몹시 두려워했다. 그래서 무슨 일이든 마누라의 허락을 받아야 했고 마누라가 두 눈만 부릅떠도 부들부들 떨었다.

한번은 아주 작은 일 때문에 마누라가 또 남편의 콧등에 대고 손가락질을 하며 마구 욕을 퍼부어 댔다.

남편은 참다 못해 대장부의 본때를 보일 생각으로 쇠꼬챙이를 들고 달려들었다.

그러자 마누라가 질겁을 하며 내뺐다. 남편이 뒤쫓아가며 소리를 질렀다.

이때 느닷없이 마누라가 휙 돌아서더니 옆구리에 손을 얹고 눈을 부릅떴다.

"당신 어쩔 셈이야?"

이에 질겁한 나머지 남편은 꿇어앉아 쇠꼬챙이를 제꺽 마누라에게 넘겨주었다.

"날 때려 죽여 주시오."

2157

·

방귀 냄새

여러 사람이 모여 앉아 이야기를 하던 중이었다.

이때 누군가가 방귀를 뀌었는지 냄새가 진동을 했다. 그래서 서로 눈을 돌려 가며 상대의 얼굴을 살폈다. 그러나 저마다 자기가 한 짓은 아니라는 듯 태연한 표정들이었다.

이윽고 그 가운데 한 사람에게 혐의가 쏠리자 사람들은 그가 들으란 듯이 제각기 욕을 퍼붓기 시작했다. 그러나 방귀 뀐 사람으로 지목된 당사자는 싱긋 웃기만 할 뿐 아무 말이 없었다.

"무엇이 우습소?"

"웃든 말든 무슨 상관인가?"

"허, 이상한 사람이군. 당신은 역한 냄새도 못 맡소?"

"허허허……. 방귀 뀐 사람이 안 뀐 사람 속에 끼여서 날더러 방귀 뀌었다고 하니 웃을 수밖에 더 있소."

2158

·

부부의 말다툼

어느 부부가 방에 앉아 한참 말다툼을 벌이고 있었다.

남편이 아내에게 말했다.

"예부터 부부간을 하늘과 땅이라고 하지 않았소. 그러니 하늘이 땅 위에 있는고로 내가 당신 위인 건 당연하지."

그러자 아내도 지지 않고 대꾸했다.

"그렇다면 음양이라는 말은 무슨 의미인지 아세요? 당신은 양이니 내가 위지요."

"아니지. 건곤이라는 말이 있지 않나. 내가 위야."

“호호! 내외라는 말이 있는 걸 잊으셨군요. 그러니 제가 위지
요.”

“여보, 남녀라는 것은 어떻소? 내가 위요.”

“그도 그렇지만 자웅이 있으니, 결국은 제가 위 아닙니까?”

말하는 것마다 아내에게 꼬리를 잡히자 남편은 이제 할말이 없
어졌다.

잠시 후 남편은 좋은 생각이 난 듯 무릎을 탁 치며 말했다.

“여보, 그래도 밤에는 내가 위 아니오? 이젠 항복하겠지?”

그러자 아내가 슬며시 웃으며 말했다.

“그래도 흥분하면 제가…… 이젠 할말이 없으시겠죠?”

2159

·

포도덕

한 말단 관리가 사흘이 멀다하게 마누라에게 얻어맞곤 했다.

어느 날은 얼굴이 온통 피투성이가 되어서 관청으로 나갔다. 태
수가 웬일인가고 묻자 말단 관리는 집의 포도덕이 넘어질 때 상한
거라고 대답했다.

“거짓말 말게. 자네 마누라가 때린 거지? 여봐라!”

태수가 하졸들을 불렀다.

“저 사람 마누라를 끌어오너라. 남편을 박대하는 그런 여자는 볼
기를 쳐라.”

이때 태수의 마누라가 후원에서 달려오더니 옆구리에 손을 얹고
는 태수를 노려보았다.

그러자 태수의 얼굴이 그만 흙빛이 되어서는 넙죽 엎드렸다.

“어서 후원으로 들어가 주시오. 우리집 포도덕이 넘어지겠소.”

2160
·

의처증

의처증이 심한 남자가 항상 아내의 불륜을 의심하고 있었으나 확실한 증거를 잡지 못했다. 그래서 급기야는 정탐꾼을 풀어 놓았다.

며칠이 지나자 그 정탐꾼이 헐레벌떡 찾아와서 알려주었다.

"어젯밤 여덟 시에 마님이 시골집 문 어귀에서 웬 사람을 만나 택시를 타고 일요일 여관에 들어가 방 하나를 정했는데 311호실이 었습니다. 내가 망원경으로 보니까 그들이 서로 포옹하고 있다가 반 시간쯤 지나 옷을 벗기 시작했습니다."

"그런 뒤에는?"

"그런 뒤에는 문발을 내렸습니다."

"음 언제나 그렇군."

그 남자가 실망한 듯이 말했다.

"아직도 내 의심은 풀리지 않았어."

2161
·

평 론

한 관리의 마누라가 질투심이 매우 강했다.

어느 날 그 관리가 《시경(詩經)》을 펴들고 낭송했다.

"옛날 현처양모는 질투를 모른다. 질투를 모르면 자손이 많아진다……."

그러자 마누라가 물었다.

"대체 무슨 놈의 책이야?"

"시경이요."

"누가 지은 거지?"

"주공이 지은 거요."

"쳇, 주공이 아니라 주공의 마누라가 지은 시라면 그런 허튼 소리는 안했을 거야."

2162
·

술꾼의 절제는 개에게 똥을 금하는 일과 같다

의사가 건강이 엉망이 된 환자에게 물었다.

"어째서 스스로 절제하지 않았습니까?"

일콜 중독자나 다름없는 이 남자에게 의사가 주의를 주었다. 그리고 덧붙여 방법을 하나 일러주었다.

"병에 줄을 긋고 거기까지 마시고 그 이상은 절대로 마시지 않으면 되지 않을까요?"

의사가 자기 생각을 말하자 환자가 대답했다.

"아닙니다. 실은 저도 그렇게 생각하고 실천에 옮기고 있습니다만, 선을 긋고 병을 기울이면 선을 맞출 수가 없어 졸딱졸딱 마시다 보면 거나해집니다. 그리고 줄을 그은 데가 너무 아래쪽에 떨어져 있는지 그 선에 도달하기 전에 취해 버리고 맙니다. 이렇게 술꾼에게 술을 절제하라고 하는 것은 고양이가 생선을 아끼고 개가 똥을 금하는 일만큼 어려운 일이라 생각되더군요."

2163
·

끈덕진 술꾼

임표 영감의 집에 두 친구가 찾아왔다. 그는 친구들을 반기며 술을 대접했다. 그런데 친구들이 도무지 일어날 생각을 않고 계속 마시는 것이, 필경 밤이라도 새울 모양인 것 같았다.

그때 마침 하늘에서 천둥 소리가 났다. 그래서 주인은 비가 오기 전에 어서 가라는 뜻으로 이렇게 말했다.

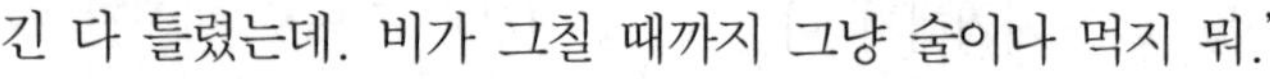

"아이구, 비가 오겠는데. 집에 가려면 애먹겠군."

그러자 두 친구는 주인의 뜻은 헤아리지도 않고 엉뚱한 소리를 했다.

"그렇다면 집에 가긴 다 틀렸는데. 비가 그칠 때까지 그냥 술이나 먹지 뭐."

그래서 주인은 안 되겠다 싶어서 다시 말했다.

"가만히 보니 비는 안 올 모양이야. 창 밖으로 하늘을 보니 먹구름이 저쪽으로 밀려가는걸."

주인은 이쯤 말하면 알아들었으려니 생각했는데 술에 치한 두 사람은 아무런 눈치도 없었다.

"비가 오지 않을 것 같으니 마음 편하게 더 마셔 보세나."

2164

·

발 씻는 물

이씨와 최씨는 마누라에게 꼼짝 못하고 사는 입장이었다.

어느 날 최씨가 이씨를 보고 말했다.

"우리 마누라는 갈수록 영악스럽네. 밤이면 마누라가 발 씻은 물까지 내다 버려야 한다네."

이 말을 듣자 이씨가 우쭐해서 말했다.

"자네 마누라 너무 하네. 나 같으면……."

바로 이때 이씨의 마누라가 달려 들어오며 눈을 부릅떴다.

"나 같으면 어쩌겠단 말인가?"

"어, 어, 어, 나 같으면 발, 발, 발 씻은 물을 들이마시겠다는 거지."

2165

관리의 토끼 좀상

남에게 칭찬받는 것을 좋아하는 관리가 어느 날 관상쟁이를 불러 관상을 좀 봐달라고 했다.

그런데 관상쟁이의 성격이 관리와는 정반대로 몹시 무뚝뚝했다.

관리는 관상쟁이가 왔는데도 높은 자리에 앉아서 그를 거만하게 대했다. 그러자 화가 난 관상쟁이가 자기가 느낀 대로 자기도 거만한 태도로 이야기했다.

"이상한 상이올시다. 귀가 길고 머리가 작으며, 눈이 큰데다 눈동자가 빨갛고…. 게다가 이빨이 밖으로 튀어 나왔으니 영락없는 한 마리의 짐승 같습니다."

관상쟁이는 관리가 토끼상이라는 말은 차마 직접 할 수가 없었다.

"뭐라고? 무엇 같다고?"

이렇게 물어 오자 됐다는 듯이 말했다.

"네, 꼭 토끼 같습니다."

관리는 화가 머리끝까지 치밀어 올라 옆에 있는 부하들에게 명했다.

"이놈을 묶어 빈방에 가둬라!"

부하들은 곧 관상쟁이를 묶어 빈방에 가두었다. 그리고는 먹을 것을 주지 않았다.

마침내 관상쟁이는 굶어 죽을 지경에 이르렀다. 이 광경을 본 부하들이 딱한 생각이 들어 그에게 한마디 귀띔해 주었다.

"나리는 칭찬해 주는 것을 가장 좋아합니다. 그러니 좋은 상이라 칭찬해 주십시오."

관상쟁이는 부하의 말대로 하리라 약속했다. 그래서 부하가 다시 관리에게 여쭈었다.

"관상쟁이가 나리의 관상을 다시 봐 주겠다고 합니다. 지난번에는 잘못 본 것이라고 하면서 말입니다."

이렇게 해서 관상쟁이는 다시 관리의 앞으로 끌려 나왔다.

그러나 고지식한 관상쟁이가 관리를 쳐다보더니,

"밸이 꼴려 주체할 수가 없어."

라고 말했다. 그리고는 덧붙였다.

"나를 묶어서 다시 그 빈방에 가둬 주십시오. 나리의 상은 다시 봐도 토끼 좀상입니다."

2166

아내 내기 노름

노름을 좋아하는 사람이 노름만 계속하다가 마침내 무일푼이 되어 버렸다. 남은 것이라고는 마누라밖에 없었다.

그러자 결국은 그 마누라를 걸고 또 한 판을 했는데 여전히 지고 말았다.

"부탁이오. 한번만 마누라를 걸고 해 봅시다."

그러자 상대가 말했다.
"두 번씩이나 걸 수 없잖소."
"우리 마누라는 두 번 걸 만한 값어치가 있소. 제발 부탁이오."
그러자 못 이기는 척 들어주면서 물었다.
"어디에 그런 값어치가 있단 말이오?"
그러자 도박을 좋아하는 친구가 말했다.
"실은 우리 마누라는 아직도 숫처녀라오."
"엉터리 소리 말아요."
"아니 사실이오. 내가 마누라와 결혼한 뒤 한번도 집에 돌아가
잔 일이 없잖소. 졸곧 당신과 있었는데……."

2167

금 열쇠, 은 열쇠, 동 열쇠

정치가와 재벌과 창녀가 저승에 갔다. 그러자 염라대왕이 말했다.

"정치가는 금 열쇠, 재벌은 은 열쇠, 창녀는 동 열쇠를 가져가거라."

그래서 창녀가 차별 대우에 화를 내며 물었다.

"아니 저를 차별하시는 겁니까?"
"아니다. 그 열쇠는 내 방 열쇠다."

2168

·

먹물을 마시다

중국 진나라 때의 유명한 서예가 왕희지가 한창 서예를 익히고 있었다. 그의 아내가 여러 번 점심을 들라고 했으나 그는 자리에서 일어나지 않았다. 그래서 아내가 음식을 상 위에 갖다 놓았다.

이윽고 아내가 다가와 보니 왕희지가 온 얼굴에 먹칠을 하고 있었다. 알고 보니 음식을 먹는다는 게 먹물을 마신 것이었다.

이 상황에서 마누라는 울지도 웃지도 못했다.

2169

·

돈이 안 든다

박씨가 친구에게 말했다.

"듣자니 자네 부부싸움이 대단하다더군. 그리고 자네가 늘 얻어맞는다지?"

"그렇잖으면 어쩌겠소. 내 마누라는 가정주부로서 공금으로 치료를 받지 못하거든. 차라리 내가 상처를 입는 게 낫지. 나는 공금으로 치료를 하니 돈이 안 들잖는가."

2170

·

보증서

남편이 담배 피우는 것 때문에 부부싸움이 빈번했다. 그래서 남편이 어느 날 '담배 끊는 보증서'를 써서 아내에게 바쳤다.

그러자 아내가 기뻐했는데 그 이후에도 역시 담배를 계속 피웠다.

"당신은 보증서까지 써 놓고 왜 사람을 속여요?"

"내가 속인다구? 보증서를 써 놓고 이제야 마음놓고 담배를 피우게 된 거요. 거 보증서를 다시 보구려."

아내가 보증서를 펴 보니 이렇게 쓰여 있었다.

'내일부터 나는 담배를 끊겠음.'

2171
·

땅 콩

한 서생이 세상의 무슨 일이나 다 안다고 자처하고 있었다.

어느 날 친구가 땅콩을 가져다주자 생것을 입에 넣고 씹다가 뱉아 버렸다. 그래서 그의 아내가 땅콩을 가마에 넣고 닦아서 주었다. 닦은 땅콩을 먹으면서 서생이 말했다.

"이 맛있는 땅콩을 뜨락에 심기요."

그 말에 아내는 어처구니가 없었다.

"닦은 콩을 어찌 심어요? 생 땅콩을 심어야지."

그러자 서생이 큰소리로 말했다.

"생 땅콩을 심으면 생 땅콩이 나오고 닦은 땅콩을 심으면 닦은 땅콩이 나올 게 아닌가."

2172
·

바보 아들

바보 아들을 둔 아버지가 어느 날 볼일이 있어서 시골로 내려가면서 아들에게 일렀다.

"혹시 누가 나를 찾거든 잠시 볼일이 있어 나갔다고 하고 잘 대접해 보내거라."

이렇게 단단히 일러 놓고도 아버지는 그래도 안심이 되지 않아 그 말을 종이에 적어 아들에게 주었다.

아버지가 떠난 다음 아들은 종이를 소매 속에 잘 간직하고 있다가 틈이 있을 때마다 꺼내서 외우곤 했다.

그런데 사흘이 넘도록 아버지를 찾아오는 손님이 없어 아들은 그 쪽지가 필요없다고 생각하고 화롯불에 태워 버렸다.

나흘째 되는 저녁때 갑자기 어떤 손님이 찾아와서 물었다.

"자네 아버지 집에 계신가?"

바보 아들은 엉겁결에 소매 속 쪽지를 찾았으나 없었다. 아들은 손님에게 뭐라고 대답해야 좋을지 몰라 당황한 나머지 엉뚱한 대답을 했다.

"없어졌습니다."

이 말을 들은 손님은 깜짝 놀라며 아들에게 다시 물었다.

"아니, 언제 돌아가셨지?"

바보 아들은 한참 있다가 또 이렇게 대답했다.

"어제 태웠지요."

어제 화장했다는 말로 알아들은 손님은 크게 놀라며 바보 아들에게 정중하게 조의를 표하고 돌아갔다.

이 소문은 순식간에 온 동네에 퍼졌다. 그래서 바보의 아버지는 만나는 사람마다 해명을 하느라고 진땀을 뺐다.

2173

휴 식

과학자의 아내가 말했다.

"여보, 너무 피곤하게 일하지 마세요. 쉬엄쉬엄 하세요."

"어디로 가서 휴식하라오?"

"당신이 제일 즐기는 곳으로 가세요."

"그렇게 하지. 아마도 나는 오늘 저녁 돌아올 것 같지 못하오."

"밤새도록 놀자면 돈이 있어야지요. 돈을 좀 갖고 가세요."

"아니 돈은 필요없소."

"어디로 가시려구요?"

"내가 가장 즐기는 실험실로 가오."

2174

멈 출 수 없 어

두 연인이 기차 선로에서 사랑을 나누다가 재판에 회부되었다. 그래서 재판관의 심문이 시작되었다.

"기차가 다가오는 걸 보지 못했나?"

"못 봤습니다."

"기관사가 기적을 울렸다는데 그 소리는?"
"들었습니다."
"기적 소리를 듣고도 피하지 않았단 말인가?"
그러자 연인의 대답은 이러했다.
"브레이크가 있는 놈이 멈추는 게 당연하지 않습니까?"

2175
·

허리 둘레

남편이 상점에 가서 아내의 바지를 사려고 했다. 그러자 상점 아가씨가 아내의 허리 둘레가 얼마인가고 물었다.
"잘 모르긴 하지만 25인치 텔레비전 앞에 앉아 볼 때면 내가 그 뒤에서 텔레비전을 볼 수가 없소. 그러니 아내 허리가 25인치 텔레비전만큼 될 거요."

2176
·

젖 유방 논쟁

세 남자가 젖무덤에 관해서 일대 논쟁을 벌였다.
"난 사과같이 생긴 게 좋아요."
"난 배 같은 게 좋아."
그러자 세 번째 남자가 잠시 생각에 잠기더니 말했다.
"난 말랑말랑한 게 좋아. 그것이 설령 실리콘으로 만들어진 것이라 할지라도 아무튼 말랑말랑해야 그답지 않겠어."

2177
·

불

남편이 부엌 아궁이에 불을 붙이는데 아무리 불을 지펴도 불길이 일어나지 않았다. 그때 아내가 곁에 다가와서 들여다보았다. 그제야 남편이 '후-후' 하고 부니까 불길이 일어났다. 그러자 남편이 혼잣소리를 지껄였다.

"제길할, 이놈의 부엌 아궁이도 우리 여편네를 두려워하는군."

2178
·

로 비

아내가 남편과 싸우다 보니 이젠 신물이 날 지경이었다. 그래서 더 이상 참을 수 없어서 친정으로 돌아갈 차비를 했다.

"갈라집시다. 짐을 꿍져가지고 친정으로 돌아가겠어요."

"차라리 잘 됐어."

하고 남편이 말했다.

"자, 갈 때 로비나 갖고 가오. 이걸로 침대표나 사오."

남편은 로비를 넉넉히 건네주었다.

아내가 돈을 세어 보더니 말했다.

"로비가 부족해요. 돌아올 때 차비는 왜 안 줘요?"

2179

끝까지 강짜

한 노인이 술에 취해 비틀비틀 걷다가 어느 집 대문 앞에 이르러 그만 토하고 말았다. 이때 마침 행랑방에 있던 하인이 이를 목격하고 고함을 질렀다.

"웬놈이 남의 집 대문 앞에서 토사를 하고 야단이냐? 당장 치우지 못할까!"

그러자 속이 시원해진 노인이 게슴츠레한 눈으로 하인을 노려보면서 도리어 큰소리로 호통을 쳤다.

"고얀 놈 같으니라고. 웬놈이 집 대문을 내 입 앞에 갖다 세웠느냐. 이놈, 당장 치우지 못할까!"

이 말을 들은 하인은 어처구니가 없어서 노인에게 말했다.

"저런 늙은이 보게. 아니, 우리가 영감님 입안에 대문을 갖다 세우기라도 했단 말이오. 미친 수작 마시오. 우리 집 대문을 세운 지가 벌써 몇십 년이 넘었는데!"

이 정도 꾸짖었으면 사과를 할 줄 알았는데 노인은 그래도 꿀리기가 싫어서 억지를 썼다.

"억지 쓰지 말아라. 나의 이 입이 생긴 지는 너의 집 대문보다 훨씬 오래 되었느니라!"

노인은 이렇게 말하면서 자기의 입을 손가락으로 가리키며 툭툭 쳤다.

2180

·

위 안

남편이 밖에서 들어오며 성이 나서 아내에게 말했다.

"망할 자식, 돌쇠란 놈이 나를 업신여기잖아. 건방지기 짝이 없는 놈. 내가 마치 제보다 못한 것처럼 말이야."

그러자 아내가 남편을 위안하며 말했다.

"성내지 마세요. 돌쇠가 다 뭐예요. 아무짝에도 쓸모 없는 밥통인 걸요. 당신은 그 돌쇠보다 짝지지 않아요."

2181

·

빨래합시다

늙은 어머니를 모시고 사는 신혼 부부가 한방에 살고 있었다. 신혼 부부는 서로 암호로 '세탁기 돌리자' 하면 둘이 밖으로 나가서 자자고 했다.

어느 날 밤 신랑이 생각이 나서 말했다.

"세탁기 돌리자."

그러자 신부가 대답했다.

"아까 빨래했어요."

그래서 하는 수 없이 신랑은 자위 행위를 했다. 그런데 잠시 후 신부가 생각이 났는지 말했다.

"여보, 세탁기 돌려요."

그러자 이번엔 신랑이 퉁명스럽게 말했다.

"조금 전에 손빨래 끝냈어."

2182

·

진정법

한 여인이 진정법을 배웠다. 급한 일이 생겼을 때 냉수를 한 모금 마시면 마음이 진정된다는 것이었다.

어느 날 남편과 같이 뱃놀이를 하다가 남편이 그만 부주의로 물에 빠져 버렸다. 그래서 그녀가 다급히 소리를 질렀다.

"덤비지 말고 얼른 물 한 모금 마셔요."

2183

·

환자의 말

위병 환자가 의사를 찾아가 자기의 증상을 이야기했다. 그러자 의사가 말했다.

"소화가 잘 되는 고기를 잡수세요. 참새 고기가 좋으니 그것을 잡수세요. 재잘거리며 쉴 새 없이 움직이는 것이니 소화가 잘 될 겁니다."

이에 환자가 말했다.

"참새보다 더 날쌘 고기도 있잖아요."

"뭔데요?"

"우리 집사람의 혓바닥이지요. 아침부터 밤까지 쉴 새 없이 지껄이거든요."

2184

·

별난 신호

농장에서 일을 할 때면 아랫도리가 빳빳해졌다가도 집에 돌아오기만 하면 축 늘어져 버리는 농부가 있었다. 의사를 찾아보았으나 별 이상이 없었다. 농부를 보고 한참 궁리한 의사가 다음과 같이 권했다.

"엽총을 가지고 다니다가 발기 현상이 나타나면 공포를 쏴서 그것을 신호로 부인께서 달려나와 중간쯤에서 만나면 어떨까요?"

그로부터 1년쯤 지난 어느 날 거리에서 농부와 마주친 의사는 그 방법이 어떠냐고 물었다.

"사냥철이 오기 전엔 그 방법이 매우 좋았으나 사냥철이 되면서 아내가 뛰어다니느라 기진맥진해서 그만 숨을 거두고 말았습니다."

2185

·

반 찬

남편이 아내에게 불평 섞인 목소리로 말했다.

"당신은 어느 때 당신 엄마처럼 반찬을 맛나게 할 수 있겠어?"

"당신이 우리 아버지처럼 돈을 많이 벌 때면 그렇게 만들 수 있겠지요."

2186

·

용양의 후방 공격

용양(龍陽)이란 남색을 즐기는 사람을 말한다.

어떤 용양이 아내를 맞이하고 첫날밤 잠자리에서 갑자기 후방을 기습했다. 그러자 신부가 깜짝 놀라 소리를 질렀다.

"아닙니다. 아닙니다. 거기가 아닙니다."

그래서 용양이 말했다.

"아니라니. 나는 어렸을 때부터 늘 이런 식으로 배워 왔는데 무슨 소리를 하는 거야?"

하고 다그치자 신부가 말했다.

"제가 어렸을 때부터 배운 것은 그게 아니란 말씀이어요."

용양에는 용양이 결국 궁합이 잘 맞는 한 쌍의 부부였다.

2187

·

훈장님의 꿈

훈장이 졸고 있자 학생들이 소란을 피워 훈장의 단잠을 깨워 놓았다. 그래서 몹시 화가 난 훈장이 학생들을 꾸짖었다.

"방금 내가 옛날 성인을 만나 이야기를 나누던 중이었는데 너희들이 떠들어서 잠을 깨워 버리다니……. 그분은 너희들이 꿈속에서는 도무지 만나 볼 수 없는 높으신 성인이야."

이튿날이었다. 학생 하나가 꾸벅꾸벅 졸고 있자 훈장이 회초리로 학생을 깨웠다.

"이놈, 훈장 앞에서 졸다니……."

"훈장님, 저도 성인을 만나 보기 위해서 꿈을 꾸었습니다. 그래서 마침 성인을 만나 이야기를 나누던 중이었는데 그만……."

"그래, 성인이 뭐라고 하시더냐?"
"훈장님과는 어제 이야기한 적이 없다고 하시던데요."

2188

·

값진 골동품

나이 든 골동품 가게의 주인이 어린 여종에게 치근덕거리자 참다 못한 여종이 주인 노파에게 일러바쳐 버렸다. 그래서 곰곰이 생각다 못한 노파가 밤중에 몰래 여종의 방에 들어가 불을 끄고 누워서 기다렸다.

그런 줄을 모르는 주인이 살짝 들어와 더듬거리는 것을 노파가 꼭 붙잡고 늘어졌다.

그러자 한동안 열을 올리다가 주인이,

"과연 우리 할망구보다 몇백 배 낫구나!"

하면서 연심 지껄여댔다.

이때 노파가 벌떡 일어나면서 소리를 꽥 질렀다.

"이놈의 영감탱이야. 이렇게 값진 골동품도 못 알아보면서 무슨 장사를 한다는 거야!"

하면서 영감을 발길로 차 버렸다.

뒤로 나둥그라진 영감이 가까스로 일어나면서 말했다.

"눈에 가려 보이지 않았는데 눈을 닦고 보니 진품이 감춰져 있었구먼……."

하면서 둘이 한몸이 되었다.

2189

괜찮아

남편이 탁아소에 가서 아이를 데리고 왔다. 이때 아내가 아이를 보더니 말했다.
"이 애는 우리 집 아이가 아니잖아요."
"괜찮아. 월요일이면 이 애를 또 탁아소에 보내게 되니깐."

2190

뭣 때문에 더 사십니까

나이 많은 환자가 의사에게 물었다.
"의사 선생님, 제가 앞으로 20년쯤 더 살 수 있을까요?"
그러자 의사가 할아버지에게 물었다.
"술을 드십니까?"
"전혀 안 마십니다."
"그럼 담배는요?"
"담배도 피우지 않습니다."
그러자 의사가 다시 할아버지를 향해 물었다.

"성생활을 하고 계십니까?"
"전혀 하지 않습니다."
할아버지가 이렇게 말하자 의사가 정색을 하고 말했다.
"그렇다면 도대체 뭣하러 20년을 더 사시려고 하십니까? 그렇게도 재미없이 사는 삶에 무슨 의미가 있다고 쯧쯧……."
하면서 할아버지를 떠나가 버렸다.

2191
·
이야기 줄거리

어떤 남자가 영화를 보러 가서는 반은 보고 반은 졸고 했다. 그리고 나서 집으로 돌아오자 아내가 물었다.
"영화가 어떻습디까?"
"화면은 괜찮은데 이야기 줄거리가 잘 이어지지 않더군."

2192
·
남은 노래 타령

밤이 이슥해지자 누군가가 크게 노래를 부르며 이리로 걸어왔다. 남편인가 하고 문을 열고 내다봤으나, 노래 부른 사람이 그냥 지나가 버리는 것이었다.
"저렇게 닮은 목소리도 있을까?"
아내가 고개를 갸우뚱거리며 문을 닫고 들어왔는데, 조금 있으니 남편이 따라 들어왔다.
"좀전에 노래를 부르며 지나가는 사람이 당신인 줄 알고 나가봤더니, 그냥 지나가더군요."
"그게 나였소. 노래가 남았기에 저 아래 골목까지 가면서 다 부르고 돌아오는 길이오."
남편은 밤마다 남은 것 타령을 하더니 그 버릇 개 못 주는 것처럼 노래까지도 그렇게 했다.

2193

의원과 관장수

어느 해 여름 효석이 관장수와 의원이 당초 돈벌이가 되지 않아 고민하고 있다는 얘기를 들었다. 내용인즉 관장수는 사람들이 매일 죽기를 원했고 의사는 사람들이 병들기를 원했다. 그래서 효석이 이들을 곯려 주기 위해 한 가지 꾀를 생각해 냈다.

효석은 관장수를 찾아가서 거짓말을 했다.

"오늘 어떤 명의가 일부러 이곳에 찾아와서 관을 주문하겠다고 합디다."

그리고 나서 효석은 곧장 그 의원에게 달려갔다.

"어떤 관장수의 부탁인데, 급한 환자가 있으니 그 집에 빨리 가 보시오."

그리고 효석은 사람들 속에 끼어 그들의 행동을 지켜보았다.

관장수와 의원은 몹시 기뻐했다.

관장수는 상점의 안팎을 깨끗이 청소하고 손님을 기다렸고, 의원은 곧 사인교를 타고 관장수 집으로 달려갔다.

관장수는 공손히 의원을 맞았으나 한참 동안 서로가 멍청히 앉아 있을 뿐 아무런 얘기가 오가지 않았다.

관장수는 더 이상 참을 수 없어 의원에게 말했다.

"안으로 들어가서 잘 살펴보십시오."

안쪽에 들어가 관을 골라 보라는 뜻이었는데, 의원은 안쪽으로 들어가서 환자를 보아달라는 것으로 알고 안으로 들어갔다.

두 사람은 관을 늘어놓은 방을 몇 개나 지나갔다. 주인은 그 관들을 가리키면서 설명했다. 그러나 의원은 다만 '그래요'라고만 할 뿐 다른 대답이 없었다.

관장수는 의원이 마음에 드는 관이 없어서 그러는 줄 알고 다른 방으로 안내했다. 그곳에는 값비싼 고급 관들이 있었다.

관장수는 이 정도면 틀림없이 의원의 마음에 들 것이라고 생각하고 그에게 말했다.

"이것은 최상품입니다. 제일 좋은 관목이기 때문에 더 이상 좋은 것은 구할 수 없습니다."

관장수는 그래도 의원이 아무 말도 하지 않자 그에게 물었다.

"당신은 무슨 용건으로 이곳에 오셨습니까?"

"급한 환자가 있다고 부르지 않았소?"

의원도 또한 이상한 느낌이 들었다.

"그게 무슨 말입니까? 모두들 멀쩡합니다. 급한 환자라니, 도대체 무슨 소리요? 그리고 관을 사겠다고 사람을 보내지 않았소?"

"무슨 소리야! 관을 산다고? 뉘 집에서 사람이 죽었단 말이오? 당신의 심부름꾼이 급한 환자가 있다고 나를 데리러 보내지 않았소?"

"급한 환자?"

"관을 사러?"

이윽고 두 사람은 한동안 시비를 벌였다.

효석은 그 얘기를 듣고 배를 움켜잡고 통쾌하게 웃어댔다.

2194

꼴보기 싫다

어떤 사람이 박사 모자가 부러워 상점에 가서 가짜 박사 모자를 샀다. 그리고는 얼싸 좋다고 집으로 돌아와 사각모를 쓰고 거울을 들여다봤다. 거울을 보니 그럴듯해서 아내를 보고 물었다.

"여보, 이 거울 속 사람이 누군지 알만하오?"

그러자 아내가 발끈 성을 내며 말했다.

"퉤, 못난이 같은 게, 자기가 자기를 알아보지 못한담?"

2195

·

세 번이나 남편 노릇한 노인

일흔 살 된 노인이 쉰쯤 된 여자와 결혼을 했다. 첫날밤에 그들은 각자의 방으로 들어갔다. 잠시 후에 신랑이 신부의 침실을 노크하면서 말했다.

"남편 노릇 하러 왔소."

신부는 신랑을 방으로 들어오게 하고 서로 사랑을 나눴다. 그리고 남편은 자기 방으로 돌아갔다. 그런데 한 시간쯤 후에 남편이 다시 신부의 침실 문을 노크하면서 말했다.

"남편 노릇 하러 왔소."

다시 한번 신부는 신랑을 들어오게 하고 사랑을 나눴다. 그리고 남편은 다시 자기 방으로 돌아갔다.

그리고 두 시간쯤 지나자 남편이 또 신부의 침실 문을 두드리면서 피곤한 듯 말했다.

"남편 노릇 하러 왔소."

"여보, 우린 벌써 두 번이나 사랑을 나눴잖아요. 피곤하지도 않으세요?"

하고 신부가 말했다. 그러자 남편이 머리를 긁적거리며 말했다.

"미안하오, 여보. 나이 탓인지는 몰라도 자꾸만 기억력이 없어지는 것 같군."

2196

·

악 수

교회당에서 결혼식이 있었다. 그때 옆에 있던 한 사람이 조용히 물었다.

"결혼식을 할 때 신랑과 신부는 왜 악수를 합니까?"

"그것도 몰라요? 그건 예절이라오. 이를테면 두 권투 선수가 경기 전에 악수를 하는 것처럼 말이오."

2197

·

소녀는 더 많이 가질 수 있어

인적이 드문 해변가에서 어린 소년과 소녀가 서로 놀려대고 있었다. 그들은 누가 가진 게 더 많은가를 자랑하고 있었다.

아홉 살 난 소년이 이 경쟁에서 이기는 방법을 생각해 냈다. 소년은 수영 팬티를 벗더니 말했다.

"여길 봐, 이건 너한테 없는 거지?"

소녀는 울상을 지으며 집으로 돌아갔다.

그런데 잠시 후 소녀가 의기양양해져서 돌아와서 수영복을 완전히 벗어 던지고는 말했다.

"우리 엄마가 그러는데, 이런 것 하나만 있으면 네가 갖고 있는 것은 수도 없이 많이 가질 수 있대."

2198

체온계

  아내가 갑자기 아파서 남편이 아내를 데리고 병원으로 갔다.

  그러자 의사가 환자의 입에 체온계를 물게 했다. 이윽고 의사가 체온계를 본 다음 병실을 나섰다. 그때 그녀의 남편이 따라가며 물었다.

  "의사 선생님, 금방 우리 집사람 입에 물린 거 하나에 값이 얼마지요?"

  "왜 묻지요?"

  "하나 사려고 그럽니다. 지금까지 아내의 입을 가장 오래 다물게 한 거니깐요."

2199

생트집

  여자와 한 배에 타게 된 중이 여자 쪽만 힐끔힐끔 훔쳐보고 있자 여자가 화를 내면서 중의 뺨을 세게 때렸다.

  "이건 너무하지 않소! 보지 말라고 하면 될 것이지."

  중은 강 건너에 닿을 때까지 조용히 눈을 감고 다시는 여자를 쳐다보지 않았다. 그러다가 중이 배에서 내리려고 하자 그 여자는 또다시 중의 뺨을 세차게 때리는 것이었다.

  "내가 무슨 잘못을 저질렀다는 겁니까?"

  중이 항의하자 여자가 그를 쏘아보며 말했다.

  "아무리 눈을 감고 있었다 해도 머리 속으로는 줄곧 내 생각을 하고 있었지 않소? 고약한 중놈 같으니라고……"

2200

·

금쥐 선물

"나리 계십니까? 오늘이 바로 나리의 생신이라구요. 그래서 제가 변변치 않습니다만, 이렇게 금쥐를 가져왔습니다."

"거 참 순금 쥐가 아닌가. 이런 걸 다……."

"나리께서 갑자 생(쥐띠)이시라는 것을 소인이 알고 이렇게 변변치 않습니다만 쥐를 실물 크기로 만들어 왔습죠."

"으음, 기특하군. 한데 며칠 후에는 우리 마누라 생일이 닥치는데 어찌하나. 우리 마누라는 소띠거든. 그러니 이런 쥐 크기로는 아마 어림도 없을 거야."

2201

·

나체 조깅

비가 오는 어느 날 소평이 한 유부녀와 즐기고 있었다. 그런데 갑자기 그녀의 남편이 돌아오는 기척이 들렸다. 소평은 옷 입을 겨를도 없이 도망쳤다.

소평이 벌거벗은 채 뛰고 있는데, 또 달음박질을 하고 있는 한 사람과 마주쳤다.

“안녕하슈. 항상 벌거벗은 채로 뛰시는군요.”
그러자 소평이 대답했다.
“예, 벗은 채로 뛰는 게 제 취미입니다.”

2202
·

앵무새

어느 날 남편이 앵무새를 사서 집으로 가져왔다. 그런데 그의 아내가 몰래 앵무새를 잡아서 점심 반찬으로 만들어 버렸다. 그러자 남편이 물었다.
“앵무새가 왜 안 보이지?”
“잡아서 반찬을 만들었어요.”
“뭐? 당신 지금 정신이 있어, 없어? 그건 말하는 앵무새란 말야.”
남편의 말에 아내가 대꾸했다.
“그놈이 자꾸 말하면 난 언제 말한단 말예요.”

2203
·

동명 이인

서로 이름이 같은 사람이 옆집에 살고 있었다. 한 집 남편은 사업가이고, 다른 한 집 남편은 신혼부부였는데, 사업가가 중동으로 사업차 간 사이에 옆집 신랑이 죽었다.
그런데 사업가가 집으로 보낸 편지가 잘못 배달되어 막 화장을 치르고 들어온 죽은 신랑의 집으로 왔다. 신부가 편지를 보더니 그 자리에서 기절하고 말았다.

내용은 다음과 같았다.
'여보, 무사히 잘 도착했소. 굉장히 뜨겁구려.'

2204
·
장님의 눈

한 쌍의 부부가 해변가를 산책하다가 예쁘고 고운 아가씨가 지나가자 남편이 말했다.
"저 아가씨 코가 얼마나 이뻐. 당신 코와 바꿨으면 좋겠네."
남편의 말에 아내가 코를 씰쭉거렸다.
이윽고 또 한 여자가 지나갔다.
"저 여자의 입이 얼마나 이뻐? 당신 입과 바꿨으면 좋겠네."
그런데 이번에는 장님이 지나갔다. 그러자 아내가 말했다.
"저 장님 눈 좀 봐요. 얼마나 좋아요. 당신의 눈에 바꿔 넣었으면 좋겠어요."

2205
·
옆집 고등어

"아가야, 이 고등어를 손님이 잡수시지 않거든 너도 먹지 말아야 한다. 이건 옆집에서 빌려온 것이니까 곧장 돌려줘야 해."
아직 나이가 어린 아들에게 어머니가 단단히 타일렀다.
이 집은 몹시 가난해서 손님에게 내놓을 찬거리가 없었다. 그래서 옆집에 사정하여 고등어를 빌려다가 놓고 손님에게 먹으라고 권하지도 않았다.
그 고을의 풍습은 주인이 권하지 않으면 손님도 먹지 않는 풍습이 있었다.

그런데 상이 들어오자마자 손님이 권하지도 않았는데 대뜸 접시에 담은 고등어를 먹으려고 했다. 그러자 어린 아들이 갑자기 손님의 젓가락을 뺏으면서 큰소리로 외쳤다.

"엄마, 빨리 와! 손님이 자꾸 옆집의 고등어를 먹으려고 한단 말이야!"

2206
·
정신병원

상급 관원이 정신병원을 시찰하러 왔다. 이때 원장이 자신있게 말했다.

"우리 병원은 관리가 엄하고 정신환자를 엄격히 다스립니다."

바로 이때 한 여자가 나타나더니 병원장에게 눈총을 주며 독기를 내뿜었다. 그러나 아무 일도 발생하지 않았다.

잠시 후 관원이 말했다.

"환자 관리를 좀더 잘 해야겠군요."

그 말에 병원 원장이 고개를 끄덕였다.

이때 어떤 사람이 관원에게 나직이 알려주었다.

"저 여자는 환자가 아니라 원장의 부인입니다."

2207
·
호젓한 산골의 남녀

어느 더운 여름날 남녀가 산길을 걷다가 호젓한 계곡에 이르러 서로 옷을 벗고 목욕을 하고 있었다.

그런데 갑자기 남자의 그것이 커졌다. 여자가 왜 그렇게 되었느냐고 묻자 남자는 마귀가 되어서 그렇다고 했다.

잠시 후 남자가 은근히 여자의 아래를 만지며 여기가 어디냐고 물었다. 여자는 지옥이라고 대답했다.

"마귀는 지옥으로!"

2208
·

실 망

갓 결혼한 아내가 남편에게 말했다.

"여보세요, 내가 당신과 결혼하는 바람에 많은 남자들이 실망하게 됐다구요."

그러자 남자가 말했다.

"아마도 실망할 사람은 나 하나뿐인 것 같소."

2209
·

첫날밤의 내기

어떤 사람이 친구들과 내기를 했다. 장가든 첫날밤에 만약 신부가 먼저 말을 걸어오게 하면 친구들이 말 한마디에 다섯 냥을 내겠다는 것이었다.

그 사람은 쾌히 승낙했다.

그날 밤 그는 신방에 들어 신부에게 아무 말도 하지 않았다. 그는 책만 보다가 쓰러져 잠이 든 척하면서 쓰고 있던 것을 벗어 등불에 타게 내버려 두었다.

신부는 신랑이 방에 들어온 지 꽤 되었는데도 말을 한마디도 하지 않자 이상하게 생각하고 있었다. 그런데 방 안에서 이상한 냄새가 나는 것 같아 신랑 쪽을 보니 신랑의 모자 끈이 등불에 타고 있었다.

신부는 당황하여 가냘픈 목소리로 말했다.

"모자 끈이 불에 타고 있시요!"

"다섯 냥!"

그래도 신랑은 꼼짝도 하지 않았다.

"모자 끈이 불에 타고 있시요!"

"열 냥!"

신부는 남편의 모자 끈이 반 이상이나 탄 것을 보고는 계속해서 외쳤다.

"모자 끈이 타고 있시요! 모자 끈이 타고 있시요!……."

"열다섯 냥, 스무 냥, 또 다섯 냥……."

그의 친구들이 방 밖에서 이를 엿듣고 있다가 내기에 지자 친구에게 용서해 달라고 졸라댔다.

2210

·

두렵다

아내가 출장 준비를 하는 남편에게 말했다.

"당신이 출장을 다녀올 때면 난 늘 두려워요."

그러자 남편이 위로하듯 말했다.

"뭐가 두려워? 난 출장을 갔다가는 곧장 돌아오곤 하는데."

"곧장 돌아오니까 두려운 거지요."

2211

누구의 아이인가

한 여자가 이혼을 제기했다. 그에게는 아이가 열넷이나 있는데 한 살부터 열네 살짜리 아이였다.

법관이 물었다.

"남편이 언제부터 당신을 배반했습니까?"

"13년 전부터입니다."

"그렇다면 이 아이들은 누구 아이죠?"

"남편이 번번이 와서 잘못을 빌었지요."

2212

용 기

한밤중에 이상한 소리가 들렸다. 그래서 아내가 남편에게 말했다.

"여보, 도적인가 봐요. 나가 보세요."

"난 겁이 나 못 나가겠소."

그러자 아내가 성을 버럭 내며 말했다.

"당신은 용기도 없는 무골충이에요."

이에 남편이 태연하게 말했다.

"내게 용기가 없길래 여지껏 당신과만 자는 거 아니요."

2213

・

5분만

아내가 게으르기 짝이 없어 아침밥을 지을 생각도 않고 있었다. 그러자 남편이 배가 고프다고 떠들어 댔다.

"당신이 밥을 짓지 않으면 식당으로 가겠소."

"5분만 기다려요."

"5분이면 밥이 다 되나?"

"5분이면 옷을 다 입으니까 같이 식당으로 갑시다."

2214

・

마지막일 거예요

결혼식날 신랑이 앞에 나서서 이래라저래라 하고 남들에게 일을 시키며 우쭐렁거렸다.

그러자 장모가 못마땅히 여기고 딸에게 귓속말을 했다.

"사위가 너무 건방진 것 같구나. 너 일후에 살림하는 데 애 좀 먹겠구나."

"걱정 마세요."

하고 신부가 어머니에게 덧붙여 말해 주었다.

"저이가 오늘 마지막으로 우쭐렁거리는 거예요."

2215

·

입이 둘, 다리가 셋

사소한 시비 끝에 싸움이 붙었다. 말로는 도저히 당해내지 못할 것 같자 남자가 달아나면서 소리질렀다.

"야, 그년! 입이 두 개라 말도 잘하네."

그러자 아내도 지지 않겠다는 듯 소리질렀다.

"그 자식 다리가 세 개라 도망도 잘 가네."

2216

·

초상집 곡소리꾼

초상집만 찾아다니면서 곡을 해 주고 술이나 밥을 얻어먹는 것을 업으로 하는 사람이 있었다.

어느 날 그 사람이 여느 날과 마찬가지로 초상집에 찾아가 곡을 해 주었다. 그리고 상여가 초상집을 떠나자 또다시 대성통곡을 했다. 그러자 옆에 있던 사람이 그에게 이유를 물었다. 이에 그가 말했다.

"상여야 북망산으로 갔지만, 나는 당장 어디로 가야 한단 말입니까!"

2217

·

나름대로의 변명

순경이 도둑에게 질문을 던졌다.
"왜 도둑질을 하나?"
"예, 빈부의 차이를 없애려고 잠도 못 자고 노력합니다."
"넌 꼭 혼자 하는데 짝도 없냐?"
"예, 세상에 믿을 놈이 있어야지요."
"집사람도 도망갔다면서?"
"예, 그야 훔쳐 오면 되죠."
"도둑도 휴가를 가나?"
"예, 잡히는 날이 바로 휴가랍니다."
"아들 학적부에 아빠의 직업을 뭐라고 썼나?"
"예, 귀금속 아동센터 운영이라고 썼죠."
"그간 슬펐던 일은?"
"예, 제가 훔친 시계를 아내가 팔러 갔다가 날치기당했을 때입니다."
"그때 집사람이 뭐라든가?"
"예, 본전에 팔았다고 합디다."
"아들은 어떻게 교육시키나?"
"예, 절대로 들키지 않게 데리고 다니면서 과외 지도를 하고 있습니다."

2218

·

수학자

수학자의 약혼녀가 상대에게 말했다.

"내 얼굴은 온통 주근깨 투성이인데 당신은 싫지가 않나요?"
이에 수학자가 대답했다.
"천만에. 나는 태어날 때부터 소수점을 좋아했거든."

2219
·

막내는 당신 자식

어느 부부가 20여 년 간을 함께 살았으나 합의에 의해 이혼하게
되었다. 이혼을 기념하여 함께 외식을 하며 남편이 아내에게 물었
다.
"지금까지 당신에게 꼭 물어보고 싶은 것이 하나 있었으나 묻지
를 못했는데, 헤어지는 마당에 어떤 대답을 한들 어떻소. 우리 여
섯 아이들 중에 다섯 명은 머리가 검은데, 막내만은 머리가 노란
색이니 그애가 누구의 자식이지?"
그런데 아내가 말할 수 없다고 하자 남자가 너무 조르는 바람에
할 수 없이 대답했다.
"사실대로 말하면 막내가 당신 자식이라구요."

2220
·

미쳤을 때

어느 날 아내가 새삼스럽게 남편에게 물었다.
"당신은 어느 때부터 나를 사랑하게 되었어요?"
그러자 남편이 대답했다.
"남들이 당신을 미련하고 못생겼다고 하는데도 내가 당신을 보
고 미쳤을 때부터 사랑하기 시작했지."

2221

·

정치가는 더러워

어떤 사람이 남양군의 어느 나라를 여행했다.

정글 한가운데에 식당이 있었는데 지붕 위 광고판에 음식 가격 표가 붙어 있었다. 그 가격표에는 선교사 프라이 3달러, 삶은 사냥꾼 4달러, 수렵 안내원 튀김 5달러, 그리고 조금 큰 글씨체로 정치가 구이 25달러라고 적혀 있었다. 너무도 이상해서 선교사가 안에 들어가 요리사에게 물어보았다.

"정치가 구이는 왜 그렇게 비싸지요?"

요리사의 대답은 간단했다.

"당신, 그렇게 더러운 고기 씻어 본 적 있어?"

2222

·

장사꾼의 거짓말

냄비를 짊어진 장사꾼이 냄비를 땅바닥에 내동댕이치며 말했다.

"자! 어떻소? 이렇게 냄비를 힘껏 땅바닥에 내던져도 냄비는 쭈 그러지거나 깨지지 않습니다."

그는 다시 그 냄비를 집어들더니 땅바닥에 세게 내동댕이쳤다.

그러자 단번에 쭈그러지고 구멍이 뻥 뚫렸다. 이것을 집어든 냄 비 장사는 태연스럽게 주위를 돌아보며 목청껏 외쳤다.

"여러분! 여기 보시는 것처럼 이런 저질품을 속여서 파는 사기 꾼이 많습니다. 그러나 저는 절대로 이런 것은 팔지 않습지요."

2223

·

쪼는 것은 바람피운 탓

시골 농장에 아주 사이가 좋은 암탉과 수탉이 있었다.

그런데 어느 날 아침 주인이 닭장에 가 보니 수탉이 계속해서 암탉을 쪼아대고 있었다.

암탉이 괴로워하는 것을 보다 못한 주인이 수탉을 쫓아내고 닭장에 들어가 보았다. 닭장을 둘러본 주인은 금방 그 원인을 알 수 있었다. 암탉이 오리알을 낳았던 것이다.

2224

·

아들의 생일

소설가의 아내가 말했다.

"당신은 창작에만 골몰했지 아들에 대해선 전혀 관심이 없는 것 같아요."

"왜 관심이 없겠소."

"그럼 말해 봐요. 아들 생일이 언제지요?"

"내가 열아홉 번째 소설을 발표한 지 8일째 되는 날이지."

2225

·

똑같은 서비스

어떤 남자가 자기의 친구를 붙잡고, 최근 아내의 서비스가 아주 나빠졌음을 불평삼아 말하고 있었다.

"결혼했을 당시에 나는 세계에서 가장 행복한 남자였네. 밤에 내가 집으로 돌아오면 아내는 얼른 내 슬리퍼를 갖다 주었고, 개는 온 방안을 뛰어다니면서 짖었지. 그런데 5년이 지난 오늘에 와서는 내가 귀가하면 급히 슬리퍼를 갖다 주는 건 개고, 방안을 헤매면서 나를 향해 짖는 건 아내란 말야."

이 말을 듣고 그의 친구가 말했다.

"그게 무슨 불평감이 된다는 말인가? 담당은 달라졌지만 자네가 받는 서비스는 옛날과 똑같지 않느냐 말야."

2226

·

아 기

남편이 술을 잔뜩 먹고 밤늦게 집에 들어섰다. 그리고는 곧바로 팔자걸음으로 아기의 요람 옆으로 가서 자장가를 부르며 요람을 흔들어 주었다.

그 소리에 아내가 깨어났다.

"당신 거기서 뭘 해요?"

"뭘 하다니? 애가 운 지 한 시간이나 되는데도 당신이 안 일어나기에 여기 앉아서 내내 요람을 흔들어 주고 있었지."

남편의 말에 아내는 기가 막혔다.

"헛소리 말아요. 애기는 내 곁에서 잠든 지 한 시간도 넘었어요."

2227

·

돈이 나를 사랑하지 않기 때문에 가난해

친한 친구 둘이서 서로 이야기를 주고받았다.
"참 이상하단 말씀이야."
"뭐가 또 이상한가?"
"돈이란 게 그렇게 귀중하게 보이니 말일세."
"그야 자네가 갖고 있지 않으니 그럴 수밖에."
"나는 돈을 사랑하는데 왜 부자가 못 되지?"
"그야 돈이 자넬 사랑하지 않기 때문이 아니겠어?"

2228

·

여승남의 장난

어느 날 여승남이 숨을 헐떡이며 장모에게 달려와 말했다.
"장모님, 아내가 미치광이가 되었습니다. 내일 아침 일찍 집에 좀 와 주셔야겠습니다."
그리고는 돌아와서 아내에게 말했다.
"장모님이 병환이 나서 매우 위독하시던데 빨리 친정에 가 보도록 하오."
그때 밖은 어두웠다. 그래서 그의 아내는 아침 일찍 친정에 가기로 작정했다.
그날 밤 여승남은 아내의 분통 속에 까만 그을음을 몰래 넣어두었다.
이튿날 날이 새기도 전에 그의 아내가 허둥지둥 얼굴을 씻고 분을 바르고는 부리나케 친정으로 떠났다.
그녀는 가는 도중에 어머니를 만났다.

여승남의 아내는 깜짝 놀라 한동안 친정 어머니를 바라보다가 말했다.

"어제 병환이 나서 위독하시다고 하더니 오늘은 웬일로 이렇게 일찍 오십니까? 바람을 쐬시면 해로우실 텐데요."

어머니는 딸을 보자 기가 막혀 그만 대성통곡을 했다.

"네가 정말 미쳤구나! 정말 미쳤어."

2229
·

천 개의 눈 질투

"당신 요즘 왜 그러죠?"

"왜 그러다니?"

"그 여자 누구예요?"

"그 여자라니?"

"흥! 아까 버스에서 내릴 때 다정하게 말을 주고받는 걸 제 이 눈으로 똑똑히 보았단 말예요!"

그러자 남편이 여유 있는 음성으로 말했다.

"여보, 질투는 천 개의 눈을 갖고 있는 법이오."

"천 개의 눈이라구요?"

"그러나 한 개도 바르게 보지 못하는 쓸데없는 눈들이야!"

2230
·

돌아온 남편

새벽 네 시면 외박했던 남편이 돌아오곤 했다.

그러자 긴 밤을 꼬박 지새운 아내가 중얼거렸다.

"당신 끝내 돌아왔군요."
"그렇소. 이 시간에는 이 집 문밖에 열려 있지 않으니 할 수 없잖소."

2231
·
이상한 모자

출가하는 딸에게 어머니가 이야기를 했다.
"애야, 남편 앞에서는 절대로 알몸으로 있지 말고 뭔가를 몸에 걸치고 있어야 한다."
딸은 어머니의 충고를 받아들였다.
결혼한 지 일주일이 되는 날, 막 잠자리에 들려고 하는데 남편이 결심한 듯 묻는 것이었다.
"혹시 당신네 집안에 이상한 풍습이 있는 것 아니오?"
"아뇨. 내가 알기로는 없어요. 그런데 그건 왜요?"
"우리가 결혼한 지 일주일쨴데, 당신은 왜 매일 밤 알몸에다 그 이상한 모자를 쓰고 자는지 영문을 알 수 없어서 하는 말이오."

2232
·
축구 시합

축구 팬인 남편이 못마땅해서 아내는 남편을 함부로 바깥 출입을 못하게 했다.
그런데 그것도 부족한지 축구 시합이 있는 날 아내가 아픈 척하고 앓아누워 버렸다.
그러자 남편이 아내를 데리고 병원으로 가서 병을 보인 다음 곧장 축구장으로 데려갔다.

축구 시합을 다 보고 집으로 돌아오는 길에 아내가 물었다.
"여보, 다음 시합은 또 언제 하지요?"

2233

·

화 해

부부 싸움 끝에 화가 난 아내는 줄곧 입을 봉해 버렸다.

이튿날 아침이 되자 남편은 다퉜던 일을 까맣게 잊었으나 아내는 그대로 뽀로통해 있었다.

그러자 남편이 옷궤를 마구 뒤지며 손에 쥐이는 대로 옷가지를 집어 던졌다.

아내가 보다 못해 참지 못하고 물었다.
"당신 뭘 찾아요?"
그러자 남편이 웃으면서 말했다.
"맙시사, 찾았소. 당신 목소리를 찾았단 말이오."

2234

·

친절하게 해줘서 고맙다

밤늦게 몹시 취해서 기러기 걸음으로 해롱거리며 걸어오다가 그만 큰길에서 만물 상점을 벌여 놓았다. 밤이라서 뭐라는 사람 하나 없어 취객은 그냥 그 자리에 쓰러져 깊이 잠들어 버렸다.

그때 개 서너 마리가 냄새를 맡고 다가오더니 얼추 핥아치우고는, 그의 머리와 얼굴과 오줌 구멍을 핥아 댔다. 그러자 잠결에도 간지러웠던지 깨어나며 중얼거렸다.

"거 뉘신지 친절하게 돌봐주셔서 고맙네요."

2235

·

거지 문상

며칠 동안 끼니를 제대로 먹지 못한 거지가 길을 가다가 어느 초상집 앞에 다다랐다.

'여기 들어가서 음식이나 좀 얻어먹자. 배가 고파 견딜 수가 없구나.'

거지는 무턱대고 안으로 들어가 곧장 빈소 앞에 엎드려 한바탕 통곡을 했다.

상가의 사람과 서로 안면이 없는 사람이었는지라, 상주는 그가 곡을 마치기를 기다렸다가 정중하게 물었다.

"어디서 오신 어느 어른이신지요?"

그러자 거지가 말했다.

"저는 돌아가신 어른과 아주 막역하게 지내는 사이였습니다. 몇 달 동안 피차 소식이 끊어진 채였다가 오늘 객지에서 돌아와 보니 이렇게 변을 당하셨군요. 너무 놀랍고 슬퍼서 미처 옷을 갈아입을 사이도 없이 예의도 못 갖추고 이렇게 찾아왔습니다. 어떻게 이런 변이……."

"아 그러셨군요……."

상가에서는 상다리가 휘어지도록 푸짐하게 음식을 차려 잘 대접하여 보냈다.

이렇게 잘 얻어먹고 배를 두드리면서 나온 거지는, 마침 동료 거지를 만나 자랑을 늘어놓았다.

"눈이 퀭한 걸 보니 몹시 굶은 모양이군. 이 어르신네는 말이야, 상가에 가서 잘 얻어먹었지."

"음, 그거 아주 그럴듯한데. 그래, 그 상가가 어딘가?"

"이 사람아, 같은 집에 가서 똑같은 수법을 쓰면 통할 것 같나. 다른 집을 찾아가야지……."

"그렇지. 공연히 서투르게 수작하다가 들통이 나면 뼈도 못 추리고 망인과 함께 길을 떠나기 쉽지."

동료 거지는 다음날 거리를 헤매다가 어떤 상가 하나를 발견하고, 동료 거지가 가 르쳐 준 대로 집에 들어가서 빈소에 올 라 실컷 곡을 해댔 다. 그러자 집안 사 람들이 물었다.

"어디서 오신 누구 시기에……?"

그러자 거지가 서 슴없이 대꾸했다.

"예, 실은 제가 돌

아가신 분과 평소 가깝게 지내던 사이입니다. 그간 사정이 있어 몇 달 동안 만나지 못하다가 그만 이런 변이 생겨서……."

"아니, 뭐요? 당신이 누구와 친하게 지냈다는 말이오?"

"돌아가신 분이죠. 우리는 서로 마음을 주고받는 사이였답니다."

그러자 집안 사람들의 표정이 금세 험상궂게 변했다.

"이 뻔뻔스런 놈, 어딜 감히……!"

집안 사람들은 거지에게 우르르 몰려들어 묵사발을 만든 다음

밖으로 내쫓았다. 알고 보니 죽은 사람은 다름 아닌 그 집에 갓
시집 온 새 며느리였다.

2236

·

먹고 또 다툽시다

부부가 한바탕 다투고 난 뒤 남편이 홧김에 술을 마구 퍼 마셨
다.
그러자 아내가 밥그릇을 남편 앞에 내밀었다.
"어쩌자는 거요?"
"잡수세요. 배부르거든 또 다툽시다."
아내의 말에 남편이 씩 웃었다.

2237

·

노름을 할 줄 모르는 결점

어떤 사람이 친구에게 말했다.
"우리 사위는 나무랄 데가 없는 사람인데, 딱 한 가지 결점이 있
단 말이야."
"그게 뭔가?"
"노름을 할 줄 모른다는 걸세."
"그야 결점이라고 할 수도 없지 않은가?"
"천만에! 할 줄도 모르면서 자꾸만 하니까 문제일세."

2238

·

어떻게 돌아갈까

부부가 다투다가 홧김에 이혼하기로 하고 법원을 찾아갔다. 가는 길에 가로질러 흐르는 강을 건너야 했다.

남편은 신을 벗고 강물에 들어섰으나 아내는 물에 들어서지 못하고 서성거렸다.

"자, 내 등에 업혀."

남편이 말하자 아내가 업혔다.

강을 건너다보니 아내의 분이 사그라졌다.

"여보, 우리 돌아갑시다."

"왜?"

"이혼하고 돌아갈 때 누가 나를 업어 주겠어요."

아내의 눈엔 눈물이 글썽했다.

2239

·

빠진 술친구

한 재담꾼이 친구에 대해서 말했다.

"친구란 모두 세 가지 종류가 있어."

"세 종류 말인가. 어떤 세 종류데?"

"첫째는 매일 빠뜨릴 수 없는 친구고, 둘째는 약과 같아서 이따금 필요한 친구고, 셋째는 질병과 같아서 피하지 않으면 안되는 친굴세."

"그렇다면 한 가지 빠진 친구가 있군."

"그게 뭔데?"

"술친구 말일세."

2240

노루 옆에 사슴

세 살박이 딸이 아버지에게 말했다.

"전 노루와 사슴을 알아요."

"세 살밖에 안 된 네가 그렇게 똑똑하다니. 그래, 저 우리 속에 있는 노루와 사슴을 구별할 수 있겠어? 어떤 게 사슴이고 어떤 게 노루지?"

"예? 글쎄요. 아, 알 수 있어요. 노루 옆에 있는 게 사슴이고, 사슴 옆에 있는 게 노루지요."

2241

왼쪽 귀로 듣고 오른쪽 귀로 흘려

두 부인이 길을 가며 서로 이야기를 주고받았다.

"남자들은 얘기를 들으면 왼쪽 귀를 통해 오른쪽 귀로 흘려 내보내나 봐요."

"그럴까요? 그런데 여자들은 양쪽 귀로 들은 것을 모두 입으로 쏟아 놓더군요."

"아, 그게 남녀의 차이로군요."

2242

결혼 기념

아내가 남편이 사다 준 선물을 조심히 열어 보았다. 선물을 보니 사전이어서 부인은 그다지 기분이 좋지 않았다.
"당신은 어쩜, 결혼 기념 선물을 이따위로 가져왔대요?"
아내의 말에 남편이 말했다.
"작년 결혼 기념일에 내가 당신에게 선물로 세탁기를 사 왔잖소. 그때 당신이 너무도 고마워서 무슨 고마운 말을 해야 할지 모르겠다고 하잖았소. 그래서 그런 말을 찾아보라고 사전을 사온 거지."

2243
·

남은 음식 찌꺼기

한 걸인이 아주머니를 붙들고 애걸했다.
"아주머니, 오 일 전부터 아무것도 먹지 못했습니다. 먹다 남은 찌꺼기라도 좋으니 조금만 주십시오."
"전날의 음식 찌꺼기라도 괜찮은가요?"
"네, 좋습니다."
"그럼 내일 아침에 와요. 오늘밤의 찌꺼기를 줄 테니."

2244
·

결혼 기념 선물

결혼 일주년이 되는 날 남편이 아내에게 물었다.
"장신구를 사다 줄까, 아니면 일본 여행을 시켜 줄까?"
"일본 여행을 가고 싶어요. 거기로 가면 멋진 장신구가 많을 테니깐요."

2245
·

여자들의 희망

두 사람이 태초 인간 창조에 대해서 진지하게 격론하고 있었다.

"신은 어째서 최초에 아담을 만들고 그 다음에 여자인 이브를 만들었을까요?"

그러자 한 사람이 말했다.

"그건 간단하지. 신께서 만일 여자 다음으로 남자를 만들었다면 신은 여자의 희망을 반드시 들어야만 했을 거야. 그리고 그 여자의 희망을 들어주다가 아무것도 못했을 거야."

2246
·

알려주다

한밤중에 부스럭거리는 소리가 나서 깨어나 보니 남편이 주방에서 무엇을 찾고 있었다.

"여보, 뭘 찾고 있어요?"

"글쎄, 나도 잘 모르겠어."

"그럼 내가 알려주지요. 위스키 술병 안에 당신이 요구하는 게 있을 거예요."

2247

전 알고 있잖아요

호구 조사를 나온 순경이 아주머니에게 물었다.
"댁의 남편은 돌아가셨군요?"
"네, 사 년 전에 돌아가셨습니다."
"그럼 자녀는?"
"한 살과 세 살짜리 둘이에요."
순경은 고개를 갸웃거리며 말했다.
"그건 좀 이상하군요. 아주머니, 남편께서 사 년 전에 돌아가셨다고 하시지 않았습니까?"
"네, 하지만 조금도 이상할 것 없어요. 주인은 돌아갔지만 전 이렇게 살아 있으니까요."

2248

일장춘몽

총각이 사는 집에 젊고 아름다운 아가씨가 몰래 들어왔다.
"부끄러운 말씀이오나 저는 당신을 사랑하고 있습니다."
"네? 그게 정말입니까?"
"그럼요! 뭣 때문에 거짓말을 하겠어요. 저의 부모님께서도 당신에게 출가한다면 기꺼이 보내주시겠다고 승낙하셨습니다. 시녀도 하나 딸려 보내 주시겠답니다."
아내와 시녀를 한꺼번에 얻게 된 총각은 기쁨에 넘쳤다.
"그런데 아가씨는 어느 댁 규수지요?"
"바로 이 근처예요. 우리 집 재산은 삼백만 냥쯤 되는데 저는 무남독녀라 시집을 오게 되면 저희 집 전재산을 지참금으로 가져오게 됩니다."

"뭐라구요? 삼백만 냥을……?"

총각은 갑자기 찾아온 행운에 정신을 잃을 것만 같았다.

그런데 다음 순간 수염투성이의 꾀죄죄한 늙은이가 마당으로 불쑥 들어섰다.

"여기 있었구나. 속 좀 그만 태우고 어서 집으로 돌아가자!"

노인은 그녀의 손을 잡아 끌면서 멍청하게 서 있는 총각을 향해 씁쓸하게 웃어 보이며 말했다.

"이 애는 내 딸인데 머리가 좀 이상하다오."

총각은 일장춘몽에 십일홍을 보는 듯했다.

2249

·

악마의 친척

술에 취한 남편이 밤중에 집으로 들어오자 아내가 괴상하게 차려입고 괴상한 소리로 말했다.

"난 악마다, 으앙……."

그런데 남편이 조금도 두려워하지 않고 두 팔을 벌려 보이며 말했다.

"악마라구? 반갑습니다. 난 악마의 여동생과 결혼했으니 우리는 친척입니다."

2250

·

장인도 허름한 내의만 입혔죠

가난한 청년이 어느 날 결혼 승낙을 받기 위해 애인의 부친을 찾아갔다. 애인의 아버지는 청년의 초라한 옷차림을 보고 물었다.
"자네, 한 달 월급은 얼마 정도인가?"
"예, 300냥입니다."
"300냥? 그
런 급료로 내
딸아이에게 내
의마저 변변히
사 줄 수 있겠
는가?"
그러자 청년
이 주저없이 대
답했다.

"사실은 장인어른도 딸에게 허름한 내의밖에 입히지 못했지 않
습니까."
"이놈, 내 딸아이의 내의 입은 것까지 아는 것을 보니 할 짓 다
했구나."

2251

추 억

나이 든 부부가 젊은 시절을 추억하다가 40년 전 들판에서 꽃을
꺾던 그때처럼 놀아 보자고 했다.
영감이 먼저 들에 가서 꽃을 한 아름 꺾었다. 그런데 아무리 기
다려도 마누라가 오지 않았다.
영감이 성이 나서 집으로 돌아와 보니 마누라가 침대 위에 누워
베개로 얼굴을 가리고 있었다.
"왜 약속을 어기는 거요?"

영감의 말에 마누라가 부끄러워하며 기어 들어가는 목소리로 말
했다.
"우리 엄마가 나가지 못하게 해서……."
하고 숫처녀처럼 수줍어했다.

2252

목탁 치며 물욕에 빠진 여승

어느 해 몹시 추운 겨울날, 진주를 가득 실은 배가 좌초되어 오
도가도 못하고 있었다. 배에 타고 있던 사람들이 추위와 허기에
시달려 거의 아사 상태에 빠졌을 때 멀리서 다가오는 배를 발견했
다. 사공들은 너무나 반가워 마구 손을 흔들면서 있는 힘을 다해
구원을 요청했다.
다가온 배에는 나이 든 여승이 타고 있었는데 그 배 안에 쌀 가
마니가 잔뜩 실려 있었다.
그들은 진주를 줄 테니 쌀과 바꾸자고 애원했으나 목탁을 두드
리며 염불을 하고 있던 여승은 필요없다는 말만 되풀이했다.
뱃사공은 배가 고파 죽을 지경이었으므로 진주 한 말에 쌀 한
말을 맞바꾸자고 애원했다.
이것은 보통 육지에서라면 생각도 못할 횡재였으나 여승은 여전
히 목탁만 두드리며,
"필요없소."
하고 거절하는 것이었다. 뱃사공은 화가 나서 물었다.
"도대체 어떤 조건이면 되겠소?"
여승은 눈을 뜨더니 여전히 목탁을 두드리며 대답했다.
"당신이 굶어 죽기를 바라오. 그러면 진주는 바꿀 필요도 없이
고스란히 다 내 것이 될 게 아니겠소."

2253

세 사람

결혼한 지 열 달 만에 젊은 아내가 남편에게 말했다.
"우린 곧 세 사람이 될 거예요."
"그게 참말인가? 무척 기쁘구만."
"그래요. 방금 전보를 받았거든요. 우리 엄마가 내일 와서 같이 있기로 했어요."
"뭐라구? 우리 집에 당신 어머니가 있을 자리가 어디 있어?"

2254

물에 빠진 영감

나이 많은 영감이 실수하여 그만 강물에 빠지고 말았다. 그가 물 속에서 필사적으로 허우적거렸으나 점점 깊은 곳으로 휘말려 들어갔다.
지나가던 행인이 놀라 그를 구하려고 하자 영감이 물 속에서 고개를 들고 급히 말했다.
"여보슈! 난 서 푼밖에 내놓을 수 없으니 그래도 좋다면 나를 건지고, 그렇지 않으면 아예 날 구할 생각을 마시오. 공연히 구해 놓고 딴소리하려면 아예 들어오지도 마시오."

2255
·
쥐새끼

부인이 남편의 양말코를 기우며 말했다.
"우리 집에 쬐끄만 발이 왔다갔다하면 얼마나 즐겁겠어요."
그러자 남편이 화뜰 놀라며 말했다.
"안 돼. 난 쥐새끼가 제일 무서워."

2256
·
본처와 첩

어떤 남자가 본처의 용모가 너무나 추하다는 이유로 외도를 자주 했다. 그래서 이를 보다 못한 본처가 하루는 남편에게 제의를 했다.
"당신이 저를 싫어하시니 집안에 첩을 들여놓도록 하세요. 앞으로 외도만 안하신다면……."
"그래? 그것 참 좋은 제안이로군."
그는 매파를 놓아 예쁜 여자를 물색했는데 마침 데려온 여자를 본 본처가 말했다.
"저 여자는 너무 예뻐서 안 되겠어요. 저런 여자를 집에 들여놓으면 누구든지 나를 하녀로 볼 거예요."
다음날 매파는 못생긴 여자만 골라서 서너 사람 데리고 왔다. 그래도 그 여자들의 용모가 본처보다는 잘생긴 편이었기 때문에 남편이 말했다.
"이 중에서 당신 마음에 드는 여자로 정합시다. 어느 여자가 좋겠소?"
본처는 그 여자들을 한 사람 한 사람 뚫어지게 살펴본 다음 말했다.

"이 가운데 나보다 못난 여자가 한 사람도 없으니 안 되겠어요."

남편은 너무도 어이가 없었다.

"당신이 끝내 그런 식으로 나온다면 나는 외도를 할 수밖에 없소."

"내 마음에 들 만한 여자를 구해 보세요."

"내가 첩으로 맞을 만한 여자는 전국을 다 찾아도 아마 없을 것이오."

그러자 본처가 이렇게 반문했다.

"적당한 여자가 없다면 차라리 제가 첩이 될까요?"

그런 우여곡절 끝에 마침내 첩을 들어앉히게 되었다. 남편은 본처와 첩을 함께 거느리고 살게 되었는데 언제나 처와 첩의 싸움이 그치지 않아 집안이 조용한 날이 없었다.

어느 날 남편이 잠깐 출타했다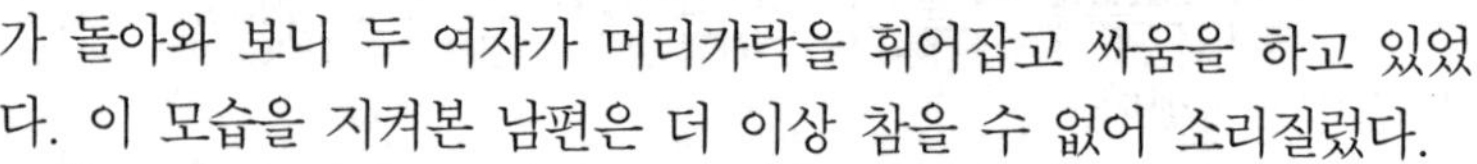가 돌아와 보니 두 여자가 머리카락을 휘어잡고 싸움을 하고 있었다. 이 모습을 지켜본 남편은 더 이상 참을 수 없어 소리질렀다.

"매일같이 싸움만 하면 어떻게 살란 말이야!"

남편의 말에 본처가 남편을 쳐다보며 고자질을 했다.

"저년이 서방님 보약을 달이다가 태우고 살짝 물을 부어 놓았지 뭡니까."

그러자 첩이 나서며 말했다.

"아유 분해! 서방님은 저 여자의 말을 믿으십니까?"

그러자 본처가 더욱 분을 못 이겨 첩에게 달려들어 또 싸움질을 했다.

보다 못한 남편이 큰소리로 꾸짖으며 말했다.

"정말 하루도 이렇게는 살고 싶지 않구나. 이런 계집은 죽여야 마땅하다."

하며 첩의 머리채를 휘어잡고 건넌방으로 들어갔다. 본처는,

"서방님이 나를 두둔하시니 너 이년, 오늘 아주 죽어 봐라."

하고 회심의 미소를 짓고 있는데, 죽인다고 끌고 간 건넌방에서는 아무 소리가 없었다.

정말로 때려 죽였나 싶은 불안과 기대가 엇갈린 야릇한 심정으로 발소리를 죽여 건넌방 문 앞까지 간 본처는 방 안에서 새어 나오는 이상한 신음 소리에 그만 정신이 아찔했다.

"정말 죽겠어요."

금방 숨이라도 넘어갈 듯한 첩의 목소리에 본처는 남편이 첩을 정말로 죽여버리는가 싶어 황급히 문을 열어젖혔다.

그런데 이게 웬일인가. 두 남녀의 운우의 정이 한창 진행중이었던 것이다. 이를 목격한 본처는 그만 눈이 뒤집혀서.

"아유 분해라! 이렇게 죽이는 것이라면 나를 먼저 죽여 달랠 것을……."

하며 방바닥을 두드리며 통곡을 했다.

2257

엉터리 점쟁이

"점을 잘 치신다기에 왔소. 제가 방금 벼슬길에 올랐는데, 앞으로 관운(官運)이 어떨지 좀 봐 주시오."

"어디 봅시다. 으음, 금년엔 일품이 되고, 내년엔 이품이 되고, 후년엔 삼품이 되며, 내후년에는 사품이 되고……."

"여보시오! 당신 무슨 점을 그렇게 치시오? 품이 작을수록 벼슬이 높은 법인데, 세상에 거꾸로 올라가는 벼슬도 있소?"
"내가 실수했소. 당신은 금년에는 일품이 내려가고 내년에는 이품이 내려가고, 이런 식으로 몇 해 안 가서 나머지 품이 모조리 없어지겠소이다."
"뭐라구? 이놈아, 품이 모조리 없어진다면 나는 벼슬에서 쫓겨난단 말이냐? 이 엉터리 점쟁이야."

2258
·

점쟁이의 둘러대기

점치기를 좋아하는 젊은 여자가 점쟁이를 찾아갔다. 그녀는 장래의 운명을 알 수 있다고 생각하자 가슴이 뛰었다. 여자 점쟁이는 그녀의 손과 얼굴을 살피면서 의젓하게 말했다.
"당신은 가까운 장래에 일생을 같이할 남자를 만나게 됩니다."
그러자 젊은 여인은 초조하게 점쟁이의 말에 대꾸했다.
"그럼 지금의 남편은 어떻게 하죠?"
"바로 그 남자가 가까운 장래에 일생을 같이할 남잡니다."

2259
·

잠꼬대

아내가 남편에게 말했다.
"간밤에 당신이 잠꼬대한 걸 아세요?"
"모르오. 뭐라고 하던가?"
"당신이 잠결에 저를 마구 욕했어요."

그러자 남편이 태연스럽게 말했다.
"그랬을 거야. 낮에는 내가 감히 욕을 못하니까."

2260
·

그것은 당신 잘못이 아니오

여자들에게 아첨을 잘하기로 유명한 남자가 있었다.
그날도 그는 사람들에게 자신의 추한 여성을 본 일이 없다고 떠벌이고 있었는데, 곁에 있던 납작코 여성이 그 이야기를 듣고 그에게 물었다.
"나를 좀 보세요. 그리고 내가 추하다고 고백하는 게 어때요?"
"부인……."
그가 대답했다.
"아닙니다. 당신도 다른 여성들과 똑같이 하늘에서 떨어진 천사입니다. 그런데 당신은 땅에 닿을 때 불행하게도 코가 먼저 땅에 닿았을 뿐입니다. 그것은 당신의 죄가 아니지요."

2261
·

그릇을 가시다

한 남자가 좀처럼 아내의 일을 도와주지 않았다. 그런데 아내의 생일날이 되자 뜻밖에 그가 말했다.
"여보, 오늘만은 그릇을 씻지 마시오."
"아이 참 고마워요. 도와주려구요?"
"아니, 그릇을 뒀다가 내일 다시 씻구려."

2262

·

실 언

임종을 눈앞에 둔 아내가 남편을 가까이 불러놓고 말했다.

"제가 죽으면 당신 곧 재혼해도 좋아요. 하지만 한 가지만은 꼭 약속해 줘요."

"무엇이든 약속하지. 당신의 마지막 부탁인데……."

남편은 부인의 손을 꼭 잡고 대답했다.

"저, 제가 입던 내의만은 다음 부인이 입지 않도록 해 주세요."

남편은 엉겁결에 대답했다.

"걱정하지 마. 입히지 않을 거야. 그 여자는 당신보다 훨씬 날씬하니까 줘도 못 입을 테니까……."

2263

·

낙 엽

나뭇잎으로 앞을 가린 여자의 나체화를 보고 남편이 자리를 떠날 줄을 몰랐다.

그러자 아내가 발끈 성을 내며 말했다.

"당신은 가을에 낙엽이 질 때까지 기다릴 셈이에요?"

2264

·

그림자에게 뒤집어씌워

어떤 사람이 주먹밥을 만들어 등에 짊어지고 팔러 나갔다. 그가 어떤 강가에 이르렀는데 배가 고파서 주먹밥을 먹을 생각으로 하나 꺼냈다. 그러나 물이 없어서 밥이 넘어갈 것 같지 않았다.

"이 강물이라도 마실 수밖에 없지."

그는 얼음을 깼다. 그런데 이번에는 물을 뜰 그릇이 없었다. 한참을 궁리하던 그는 얼음 밑으로 흐르는 물을 보고 이렇게 중얼거렸다.

"물을 떠서 마시느니 차라리 여기에다 밥을 말아먹는 것이 더 편할 것 같았다."

미련한 그는 주먹밥 하나를 꺼내어 얼음 구멍에 집어 넣었다. 그러자 밥이 물에 다 흘러가고 말았다.

하나를 더 넣어 보았으나 역시 마찬가지였다. 그는 화가 나고 오기가 생겨 가지고 있던 주먹밥을 모두 물에 넣고 말았다.

"이제 하나도 안 남았구나."

그는 탄식을 하며 얼음을 깨고 가만히 그

밑을 들여다보다가 그 속에 비친 자기 얼굴을 보고 말했다.

"저놈이 내 밥을 모두 훔쳐 먹었구나."

2265

·

바둑 뽐내기

옛날에 바둑을 잘 두는 사람이 언제나 뽐내며 이렇게 말하곤 했다.

"적수가 없으니 재미있게 둬 볼 수가 없군."

그러다가 한번은 임자를 만나 바둑을 둔 결과 연거푸 지고 말았다. 그러자 며칠 후 친구가 그를 넌지시 비꼬았다.

"여보게, 맞수를 만났다더니, 그래 전적이 어떤가? 듣자니 상당히 열전이었던 모양이던데?"

그러자 그가 대답했다.

"계속해서 세 판을 두었는데, 첫 판은 그에게 이기지 못했어. 그리고 두 번째 판은 그 사람이 지지 않았고, 마지막 판은 내가 비기려 했으나 그가 비겨 주지 않더군."

2266

·

억울하다

한 쌍의 부부와 예쁜 아가씨가 엘리베이터를 탔다. 남편이 그 아가씨를 빤히 보고 있자 아내는 기분이 좀 언짢았다.

그런데 그때 갑자기 아가씨가 남자의 귀빰을 때렸다. 그리고는,

"왜 남을 꼬집어요? 왜 희롱해요?"

하고 욕을 퍼붓고는 나가 버렸다.

그러자 남편이 쑥스러워하며 말했다.

"나는 보기만 했지 꼬집진 않았는데."

이때 아내가 말했다.

"내가 아가씨를 꼬집었어요."

2267

•

살려주마 아미타불

참새 한 마리가 매에게 쫓겨 날아가다가 어느 곳으로 뛰어들었는데 그곳은 지나가던 중의 넓은 소맷자락 안이었다.

중은 재빨리 소매를 떨쳐 참새를 손에 움켜쥐고 중얼거렸다.

"오늘 저녁은 뜻하지 않게 고기 맛을 보게 되었구나."

손 안에 든 새는 꼼짝도 않고 있었다. 중은 자신이 참새를 너무 꽉 쥔 탓에 숨이 막혀 죽은 것으로 생각하고 중얼거렸다.

"이렇게 쉽게 죽어 버린담?"

중은 쥐고 있던 손을 펼쳐 보았다.

그런데 이 틈을 타 참새가 창공으로 날아가고 말았다. 중은 손을 모아 합장하며,

"살려주마 아미타불……."

하면서 아쉬운 듯 입맛을 쩝쩝 다시는 것이었다.

2268

•

자 랑

과부가 다시 시집을 가서는 남편 앞에서 늘 죽은 남편의 자랑만 늘어놓았다.

그러자 새 남편이 못마땅해 하며 말했다.

"당신은 왜 자꾸만 전 남편 자랑을 하지?"

"걱정 마세요. 당신이 죽은 뒤에는 당신을 더 자랑할 테니까요."

2269

·

주책없는 구멍

방귀를 잘 뀌는 처녀가 시집을 가게 되자 그 처녀의 어머니가 고민 끝에 늙은 하녀를 데리고 가라고 했다. 그리고 딸이 방귀를 뀔 때마다 유모와 하녀가 대신 뒤집어쓰도록 잘 귀띔해 놓았다.

신부가 마침 시부모에게 폐백을 올리게 되었는데 큰절을 하느라고 힘을 주는 바람에 그만 방귀를 뀌고 말았다. 그래서 신부가 얼굴을 붉히며,

"아이 할멈두!"

하여 부끄러운 자리를 모면했다.

얼마 후 잔칫상을 받으려고 하는데 또 방귀를 뀌었다. 그러자 신부는 이번에는 하녀를 보고 눈을 흘겼다.

"애야! 이런 자리에서 그게 무슨 짓이냐?"

그러나 집에서 마음놓고 뀌던 방귀여서 쉽게 그쳐지지 않았다.

밤이 되어 신방에 든 신부가 신랑 앞에서 그만 실수를 하고 말았다. 그때는 유모도 하녀도 곁에 없었으니 누구에게 전가할 수가 없었다. 그녀는 부끄러운 마음이 들어 신랑에게 말했다.

"아이! 이런 주책없는 구멍 같으니라구……."

하고 신부는 구멍을 책망했다.

2270

·

암 실

사진사인 남편이 사진을 찍은 후 암실로 들어가 필름을 씻곤 했다. 그러자 아무 것도 모르는 아내가 남편을 의심하며 말했다.

"당신은 나에게 무슨 미안한 일을 했길래 늘 암실에 들어가 수

작을 피운대요?"

2271
·

뒷조사

아내가 남편의 행실이 수상스러워 정탐꾼을 내세워 뒷조사를 했다. 그러자 정탐꾼이 정황을 알려 왔다.

"오늘 오후 부인님의 남편이 처음에는 미용원에 들렀다가 복장 옷을 사가지고 나중에는 다방으로 들어갑디다."

"어쨌든 남편의 행실이 수상했어요."

"아니, 그분은 부인님의 뒷조사를 하고 있는 거였습니다."

"예?"

2272
·

당신 아버지로 나고 싶다

어떤 부자가 자신의 생명이 얼마 남지 않았음을 알고는 이제까지 해결하지 못했던 일을 처리하려고 마음먹었다.

그래서 그는 채무자들을 모두 불러 모았다. 그런데 그 중 세 사람은 당장 돈을 마련할 방법이 없으니 얼마 동안만 연장해 달라고 사정했다.

"허허, 내가 곧 죽을 터인데 기한을 연장해 달란 말이오?"

노인은 잠시 골똘히 생각하더니 말했다.

"당장 갚을 능력이 없다면 죽어서라도 보답하겠소? 약속할 수 있다면 당신들이 쓴 차용증서는 이 자리에서 불살라 버리겠소."

그러자 갚을 돈이 가장 적은 사람이 먼저 말했다.

"저는 내생에 말로 태어나 영감님을 일생 편히 모심으로써 오늘의 은혜에 보답할까 합니다."

"좋소."

노인은 선뜻 그 자리에서 그 사람에게서 받은 차용증서를 불태워 버렸다.

그 다음으로 갚을 돈이 많은 사람이 말했다.

"저는 내생에 소로 태어나 영감님을 위하여 평생 일을 하겠습니다."

"그것도 좋소."

노인은 그의 차용증서도 불태워 버렸다. 나머지 한 사람이 마지막으로 말했다.

"저는 영감님의 아버지로 태어나고 싶습니다."

"빚이 가장 많으면서 그 무슨 뚱딴지 같은 소린가? 그렇다면 내생에서는 아예 날더러 먹여 살려 달란 말인가? 음, 고약한 사람 같으니……."

그러자 그가 말했다.

"노여워 마시고 제 말을 좀 들어 보십시오. 저는 영감님께 진 빚이 너무 많아 소나 말로 태어나서 보답한다 해도 부족할 것입니다. 제가 많은 재산을 모아 영감님의 아버지로 태어나 영감님께서 내생에서는 편히 먹고 살 수 있게 해 드리려는 것입니다."

이 말을 들은 노인은 그의 차용증서를 깨끗하게 불태워 버렸다.

2273

·

유 언

밤마다 회의가 많은 남편을 둔 아내가 남편을 의심하고 있었다.

어느 날 남편이 회의를 마치고 돌아와 보니 아내가 유언을 써 놓고 떠나가 버렸다.

'그저께 나간 당신이 어제 아침에 돌아왔고 어제 나간 당신이 오늘 아침에 돌아왔어요. 만약 오늘 나간 당신이 내일 아침에 돌아온다면 어제 나는 당신을 떠났다는 걸 알아두세요.'

2274

·

내 개는 괜찮으니 가시오

길을 가던 한 행인이 개 임자를 찾아와서 눈을 부릅뜨면서 화를 냈다.

"댁의 개가 내 발을 물었습니다."

그러자 그 개의 임자가 매우 상냥하게 말했다.

"그래요? 참으로 불행한 일입니다만 우리 개에겐 별로 다친 곳이 없는 모양이니 안심하고 돌아가 주십시오."

2275

·

노(魯)자로 초청한 형제

우스개 말을 잘하는 형제가 있었다.

어느 날 형이 동생한테 점심을 같이하자는 초대장을 보냈다. 그런데 그 초대장의 글귀가 걸작이었다.

'내일 정오, 반로(魯)로써 대접할 테니 꼭 오너라.'

동생은 초대장의 글귀가 무슨 뜻인지 알 수 없어 허둥대다가 형의 초대를 거절할 수 없어 이튿날 낮에 형의 집으로 갔다. 그런데 식탁에는 물고기 한 마리가 달랑 접시에 담겨 있었다.

동생이 형에게 물었다.

"왜 다른 요리는 나오지 않습니까?"

"초대장에 쓴 대로야. 반로로써 너를 맞이하겠다 했으니 물고기 한 마리면 족하지 뭐냐. 노(魯)자를 절반으로 자르면 고기 어(魚)자가 되거든."

동생은 시무룩한 표정으로 집으로 돌아왔다. 그리고 이튿날 형이 보낸 초대장과 똑같은 내용의 초대장을 보냈다. 이윽고 초대를 받고 형이 동생 집으로 왔다.

동생은 뜰 한가운데에 식탁과 의자를 마련해 놓고 형을 그곳으로 안내했다.

"형님, 자리에 앉으십시오."

형은 동생이 권하는 대로 자리에 앉았다. 그러나 아무리 기다려도 음식이 나오질 않았다.

한낮의 뜨거운 햇볕만 쩽쩽 내리쬐었다. 형은 견디다 못해 한마디했다.

"반로의 물고기라도 좋으니 빨리 내오너라."

그러자 동생이 말했다.

"일전에 형님이 제게 보낸 초대장의 반로는 노자의 상반부였지만, 오늘의 저는 노자의 하반부 글자올시다. 그러니 햇볕이나 실컷 쬐고 가십시오."

2276

·

우는 소리가 낫다

남편이 짜증스런 투로 말했다.

"애기 울음 소리에 도무지 잠을 잘 수가 없군."

그러자 아내가 다정스럽게 말했다.

"그럼 내가 자장가를 불러 줄께요."

이에 남편이 화들짝 놀라며 말했다.

"차라리 애기가 울게 내버려 둬. 당신 노래 소리보다는 듣기가 더 나으니까."

2277

·

치는 것은 치지 않는 것이다

한 선비가 어느 절을 찾아갔다. 중들이 모두 일어나서 그에게 인사를 하는데, 유독 젊은 중 하나가 꼿꼿이 앉은 채 오불관언(吾不關焉)이었다.

"그대는 무슨 이유로 일어나지 않소?"

선비가 묻자 중은 그대로 앉은 채 엄숙하게 합장하면서 불호를 외웠다.

"일어난다 함은 일어나지 않은 것이요, 일어나지 않는다 함은 일어나는 것이기 때문이옵니다(起是不起 不起是起)."

"그렇소?"

선비는 한마디 되묻고는 다짜고짜 곁에 있던 선장(禪杖)을 들어 눈을 감고 앉아 있는 그 젊은 중의 머리를 내리쳤다. 그러자 놀라 눈을 동그랗게 뜬 젊은 중이 볼멘 소리로 외쳤다.

"시주께선 무슨 연고로 소승을 치십니까?"

"친다 함은 치지 않는 것이요, 치지 않는다 함은 치는 것이기 때문이라네(打是不打 不打是打)."

2278

·

잃어버린 뒤

아내가 남편에게 물었다.

"당신은 남들 앞에서 결혼한 뒤에야 행복이 귀중한 줄 알았다고 말했다면서요?"

"그렇소."

"인생이란 그런 거지. 무엇이든 잃어버린 뒤에야 귀중한 걸 안다니깐."

2279

·

관 뚜껑에 낀 머리카락

옛날 어느 부인이 남편을 여의고 슬픔에 젖어 남의 이목도 가리지 않고 관에 매달려 통곡했다.

"여보! 저를 두고 가시다니 웬말이오? 저도 당신을 따라갈 테니 저를 함께 데려가 줘요."

그녀는 관을 얼싸안고 몸부림치며 울부짖었다. 그리고 계속해서 자기도 데려가 달라고 넋두리를 했다. 그런데 그녀가 관을 붙잡고 울부짖는 바람에 그만 관 뚜껑 사이에 그녀의 머리카락이 끼고 말았다.

여인은 그것도 모르고 다시 울음을 터뜨리며 함께 죽는다고 소란을 떨었다.

한참 후에 고개를 들던 그녀는 기겁을 했다.

그녀의 머리카락이 관 뚜껑에 끼여 꼼짝도 할 수 없었던 것이다. 그러자 그녀는 관 속의 남편이 자기의 머리카락을 움켜쥔 걸로 착각하고 이렇게 소리쳤다.

"안 갈래요! 가고 싶지 않단 말이에요! 여보, 갈려면 당신이나 가시라구요."

2280
·

아찔한 두려움

"두렵다는 것은 어떤 것일까? 이 세상에서 가장 두려운 것을 말해 보기로 하세."

"글쎄, 어린아이가 난간을 잡고 비틀거린다. 어때?"

"그건 좀 약하군. 백 세의 늙은이가 썩은 고목에 올라간다. 이건 어때?"

"이런 건 어떨까? 장님이 눈먼 말을 타고 밤중에 길을 가다가 깊은 연못 앞에 이르렀다. 이보다 더 아찔한 두려움이 세상에 있을까?"

2281
·

맥없이 맞다

한 소년이 관가에 끌려왔다.

"고얀 녀석이구나. 두루마기 아래에 붉은 비단 바지를 받쳐 입고 있다니! 그렇게도 멋을 부리고 싶더냐? 여봐라, 저 녀석에게 곤장 열 대를 쳐라."

매를 맞던 소년은 다섯 대까지 맞고 부스스 일어났다.
"이 녀석, 빨리 엎드리지 못할까?"
소년은 어색한 표정으로 사정했다.
"나리, 바지 위쪽 절반은 삼베를 이은 것입니다."

2282
·

오줌을 누겠다

밤마다 남편이 늦어서야 집으로 돌아오곤 했다. 그래서 마누라
와 아이들이 잠을 깰까 봐 조용히 문을 열고 들어왔다.
그런데 이날은 남편이 그만 열쇠를 집안에 두고 나갔던 것이다.
그래서 마누라를 불렀다. 아무리 소리쳐도 잠든 아내가 깨어나
지 않자 그는 생각다 못해 작은 아이의 소리로 말했다.
"엄마, 나 오줌 누겠다."
그러자 그제야 마누라가 일어나서는 하는 소리가,
"엉?"
하고 달려와 문을 열었다.

2283
·

너 좋으라고 옷을 입어

어떤 사람이 너덜거리는 옷을 입고 태연스럽게 거리를 지나가고
있었다.
"여보게, 기워 입든지 아예 한 벌을 새로 사 입든지 하게."
우연히 만난 친구 하나가 타일렀다.
그러자 그는 도리어 화를 냈다.

"뭐가 어쨌다는 거야? 나더러 내 돈 들여서 새 옷을 사 입으라
고? 흥, 어림없는 소리. 내가 왜 자네 보기 좋으라고 옷을 해 입
나?"

2284
·

무언의 감시

마누라가 어찌나 감시가 심한지 남편이 함부로 바깥 출입을 못
했다.

그러던 어느 날 마누라가 친정집으로 가게 되자 남편이 더없이
기뻐했다. 양복을 쭉 빼입고 거울 앞에서 몸을 다듬었다. 그런데
용돈이 없어서 호주머니를 뒤적여 봤다. 거기에는 마누라가 쓴 글
쪽지가 있었다.

글 쪽지에는 이런 글이 적혀 있었다.

'당신은 양복을 쭉 빼입고 어디로 가려는 거요?'

2285
·

호랑이 뱃속에 들어가야 일체

"저희 집에 나무를 한 그루 심었는데 잘 자라지 않습니다. 어떻
게 하면 빨리 잘 자라게 할 수 있을까요?"

"뿌리 근처에 돈을 한 열 냥쯤 묻으십시오."

"허, 무슨 이유로 그렇게 하오?"

"세상에 돈 가지고 안 되는 일이 어디 있나요."

"네에……?"

"세상 만물은 모두가 일체라오. 그러니 돈이면 통하지 않겠소."

"그거 알 수 없는 말씀입니다. 사람이 깊은 산중에서 호랑이를 만났다면, 이 어찌 일체가 될 수 있겠소?"

"도(道)를 닦는 사람은 호랑이 따위를 겁내지 않으니, 오히려 호랑이 등을 타고 산과 들을 쏘다닐 것입니다. 이 어찌 일체라고 하지 않겠소?"

두 사람이 다투는 것을 옆에서 듣고 있던 다른 한 사람이 빙그레 웃으며 말했다.

"호랑이 등에 사람이 탄 것을 가리켜 일체가 되었다고 하는 것은 어폐가 있는 말입니다. 사람이 호랑이 뱃속에 들어가야 비로소 일체가 되었다 할 것이오."

2286

허풍쟁이

허풍이 심한 한 건달이 친구와 함께 길을 가고 있었다. 그때 마침 저쪽에서 어떤 고관이 탄 호화스런 수레가 오는 것이 보였다. 건달은 공연히 허풍을 떨고 싶은 생각이 나서 친구에게 말했다.

"저기 나의 어렸을 적 소꿉동무가 오는군. 나는 이런 꼴이지만 녀석은 제법 출세를 했단 말이야. 나를 보면 수레에서 내려 나를 만나려 할 것이니 내가 먼저 피하는

것이 낫겠어."
　건달은 길가의 큰집 대문 안으로 몸을 숨겼다.
　그런데 그 집은 바로 수레를 타고 오는 고관의 집이었다.
　이윽고 자기 집에 도착한 고관이 문간에 웬 낯선 사람이 숨어 있는 것을 보고 호령했다.
　"뭣 하는 녀석이길래 무례하게 내 집 문간에 서 있느냐? 여봐라, 저놈을 당장 매질하여 쫓아내라!"
　하인들에게 호되게 맞고 거의 반죽음이 되어 쫓겨 나온 그에게 친구가 탄식하며 말했다.
　"여보게, 소꿉동무끼리 이럴 수가 있단 말인가? 정말 너무하는군."
　건달은 일그러진 표정으로 말했다.
　"우린 항상 이렇다네. 서로가 짓궂은 장난을 좋아했지. 어렸을 적부터 그랬어."

2287

여무송

　한 남자가 마누라한테 얻어맞고 친구에게 가서 말했다. 그러자 친구가 권고했다.
　"자네는 너무 나약해. 호랑이 위풍을 보이란 말이야."
　이 말을 듣고 친구의 마누라가 주방에서 뛰쳐나왔다.
　"호랑이 위풍이라구?"
하고 아내가 눈을 부릅뜨자 친구가 제꺽 무릎을 꿇었다.
　"내가 호랑이라면 당신은 여무송이라고 말하려 했지."

2288

·

따라 웃는 장님

어떤 장님이 지팡이를 잃어버리고 쩔쩔매는 것을 보고, 그 꼴이 하도 우스워 곁에 있던 사람들이 웃음을 터뜨렸다. 그러자 장님도 웃었다.

그때 심술궂은 한 사람이 장님에게 물었다.

"아니, 무엇이 보이기에 그렇게 웃으시오?"

장님이 정중히 말했다.

"여러분이 웃으시니 나도 따라 웃었지요. 보나마나 우스운 일이 있었던 게 아니겠소."

말을 마친 장님은 다시 지팡이를 찾기 시작했다.

2289

·

당신을 알고 있구만

한 쌍의 부부가 길을 가고 있었다.

남편이 교통 규칙을 어기고 아내를 끌고 급히 길을 가로질러 가다가 하마터면 차에 치일 뻔했다.

그러자 운전사가 머리를 쑥 내밀고는 마구 욕을 퍼부었다.

"이 멍텅구리야!"

이때 아내가 나서며 말했다.

"여보, 저 운전사가 어떻게 당신을 그렇게도 잘 알고 있나요?"

2290

·

곤장 백 대 값

관가에 가서 매를 맞아 주고 돈을 받는 것을 업으로 삼는 사람이 있었다.

어느 날 그가 한 대에 한 냥씩 쳐서 백 냥을 받고 곤장 백 대를 맞기로 되어 있었다.

이윽고 관가에 이르러 곤장을 맞기 시작했는데 오십 대를 맞고 보니 더 이상 맞을 자신이 없었다. 그래서 매값으로 받은 백 냥을 형리에게 뇌물로 주고 풀려 나왔다.

그는 자기 몸을 샀던 사람을 찾아가 엎드려 고마운 뜻을 사뢰었다.

"나리께서 주신 백 냥이 아니었더라면 이렇게 찾아뵙지도 못할 뻔했습니다. 목숨을 건졌으니 그 은혜 백골 난망입니다."

2291

·

독신 구락부

한 신사가 결혼한 뒤 독신 구락부에서 퇴출을 당했다.

그러던 어느 날 아내와 말다툼을 하고 나서 말했다.

"이렇게 귀찮을 줄 알았더라면 독신 구락부에서 나오지 않았을 텐데."

그러자 부인이 말했다.

"당신 아버지가 독신 구락부의 영원한 회원이었더라면 더욱 좋았을 걸 그랬어요."

2292

·

여름에 털모자를 쓴 사나이

어느 뜨거운 여름날, 어떤 사람이 털모자를 쓰고 가죽옷을 차려 입고 길을 떠났다.

그는 사람들이 히죽히죽 웃는 것도 아랑곳하지 않고 한참을 걷다가 길가의 큰 나무 아래서 쉬게 되었다.

그는 땀에 젖은 털모자를 벗어 쥐고 부채질을 하면서 중얼거렸다.

"아, 덥기도 하다. 다행히 이 모자를 쓰고 나왔기에 망정이지 안 그랬더라면 부채질도 못하고 더워 죽을 뻔했네."

2293

·

반 찬

아내가 남편의 밥상에 반찬을 놓으며 말했다.

"천천히 꼭꼭 씹어 잡수세요."

"왜?"

"그래야 소화가 잘 되지요."

"걱정 마. 내 위는 튼튼하니까."

"음식은 꼭꼭 씹어야 맛이 나거든요."

"어떻게 먹든 맛이야 마찬가지지."

남편이 그냥 탐욕스레 먹자 아내가 다급히 말했다.

"여보, 반찬을 만들 때 잘못하여 바늘을 떨어뜨렸거든요."

"엉?"

남편이 그제야 질겁을 하며 밥숟가락을 놓았다.

2294
·
신혼의 외박

　신혼 꿈에 젖어 있던 모자라는 친구가 친구집에 놀러왔다가 갑자기 소나기를 만났다. 친구가 집으로 돌아가려고 하자 그를 만류하며 말했다.
　"밤도 으슥하고 이렇게 비가 심하니 돌아가기 힘들 거야. 그러니 오늘 밤은 우리 집에서 묵고 가게."
　친구는 친절하게 말했다.
　그래서 그가 못 이기는 체하더니,
　"하룻밤만 신세 지기로 하겠네."
하며 잠깐 화장실에라도 가는 듯 밖으로 나갔다.
　친구는 아무리 기다려도 화장실 간 친구가 돌아오지 않아 걱정을 하고 있는데, 그가 온몸이 흠뻑 젖어 돌아왔다. 그런데 그 친구가 하는 말이 가관이었다.
　"외박하면 아내가 걱정할 것 같아 집에 가서 아내에게 말하고 왔네……."

2295
·
두 허풍쟁이

　시골뜨기 두 사람이 함께 여행을 하게 되었다. 한 사람은 키가 크고 한 사람은 비교적 뚱뚱한 편이었다.
　키다리가 먼저 자기 고향 자랑을 늘어놓았다.
　"우리 마을은 높은 산 밑에 아담하게 자리잡고 있기 때문에 소리를 지르면 그 메아리가 산을 몇 바퀴 돌아 한참 후에야 제자리로 돌아오지 뭐야."

그러자 뚱보가 말을 받았다.

"그건 우리 고향의 메아리에 비하면 아무 것도 아니야. 우리 집은 천산(天山)산맥 바로 아래에 있는데 저녁에 자기 전에 창문을 열고 '어이! 빨리 일어나! 시간 됐어' 하고 외쳐 두면 이튿날 아침 열 시 경에 메아리가 산맥을 돌아와서 나를 깨워 준다네."

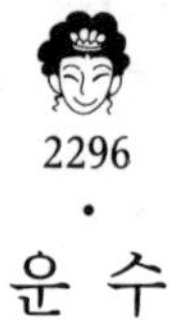

2296

운 수

한바탕 말다툼을 하고 나서 남편이 떠날 차비를 했다.

"어디로 가요?"

아내의 물음에 남편이 맺고 끊듯이 말했다.

"왜 물어? 우리 둘 사이는 이걸로 끝이야. 내가 어디로 가든 상관 말아."

그렇게 말하고 나간 남편이 잠시 후 곧 되돌아왔다. 그리고는 말했다.

"당신 오늘 운수가 좀 좋은 셈이야. 밖에 큰비가 내린단 말이야."

2297
·
술꾼의 재촉

"여보, 이제 됐겠지?"

"방금 넣었는데 무슨 소리예요?"

"조금만 더 참으세요. 그렇게 넣다가 금세 꺼내면 어떻게 해요."

"이제 그만! 난 참을 수 없단 말이야."

"사람이 신중하질 못하고……."

아내가 혀를 차는 소리를 하더니 부엌에 대고 소리쳤다.

"애야, 이제 그만 가져와라. 아직 데워지진 않았지만 너의 아버지 성화에 더 못 참겠구나. 그만 술병을 꺼내 와라."

2298
·
맹장염

한 영화배우가 의사를 찾아왔다.

"우리 주인이 맹장염에 걸린 것 같아요."

"걱정 마세요. 그분의 맹장 수술은 작년에 벌써 했으니까요. 맹장이 두 개인 사람은 세상에 없어요."

"그래요? 그렇지만 선생님도 알아두세요. 영화배우는 남편이 하나뿐이 아니라는 걸……."

2299

·

노부부 고리짝 문 닫기

시골 여인숙에 투숙한 등짐장수 맹서방이 막 잠을 청하고 있을 때 옆방에서 이야기 소리가 들려 왔다.

"영감, 아무래도 잘 안 되는군요."

"글쎄, 내가 위에 올라가 볼까?"

맹서방은 내심 늙은이들을 욕하면서도 옆방에서 들려 오는 소리에 귀를 기울였다.

"흐음……. 조금도 들어가지 않는구먼, 후우……. 나는 더 이상 못하겠어! 숨이 차서 말야. 꼭 넣어야 한다면 당신이 한번 올라가 보구려."

"그럴까요? 그래도 안 된다면 당신이 올라오구려."

'아니, 어딜 올라가는데 저럴까?'

맹서방이 궁금증이 나 문틈으로 몰래 들여다보았다. 그러자 그의 상상과는 달리 고리짝의 뚜껑을 닫기 위해 노부부가 땀을 흘리며 승강이를 하고 있었다.

2300

·

낯가죽이 두껍다

한 남자가 술에 잔뜩 취해가지고 나이트 클럽에서 사귄 아가씨를 데리고 집으로 돌아왔다. 그는 아가씨를 응접실에 앉혀 놓고 침실에 가서 마누라에게 말했다.

"여보, 한 가지 요구가 있소."

"뭔데 그래요?"

"응접실에 손님이 와 앉아 있는데 당신이 가서 당신은 내 여동생이라고만 말해 주오. 알겠소?"

2301

·

큰 북 가죽은 큰 물소가 있어야

친한 친구 둘이서 서로 이야기를 주고받았다.

"우리 마을 절에 있는 북은 그 크기가 세상에서 제일 크지. 그 둘레의 지름이 자그만치 백 장(丈)이나 된다네. 그리고 한 번 두드리면 그 소리가 백 리까지 울린다네."

"그래? 대단하군. 그런데 우리 마을에는 물소가 한 마리 있는데 얼마나 큰지 머리를 양자강의 남안(南岸)에 두고 강물을 마시는데 그 꼬리로는 강북(江北)의 파리를 쫓을 수 있단 말일세."

"그렇게 큰 물소가 세상에 있을 수 있나?"

"허허, 그 말도 알 수 없는 말이군. 우리 마을의 큰 물소가 없었다면 자네 마을의 절에 있다는 그 큰 북을 만들 만한 가죽을 어디서 구할 수 있겠나?"

2302

·

상 심

아내가 남편에게 말했다.

"뭣 때문에 당신이 그렇게 속상해 하세요?"

"어제 나의 미혼 처가 결혼했거든."

"누구하구요?"

"물론 나하구 결혼한 거요."

2303

점괘대로 하라

미신에 얽매여 점을 좋아하는 한 남자가 살고 있었다.

어느 날 그가 담 옆을 지나다가 담이 무너지는 바람에 그 밑에 깔리게 되었다. 이웃 사람들이 놀라서 그를 구출하려고 하자 그가 흙더미 속에서 겨우 눈만 내놓고 소리쳤다.

"잠깐 기다려 주시오! 누군가 점쟁이에게 가서 오늘 흙을 걷어내도 좋은가 나쁜가를 물어보고 오시오. 그런 다음에 나를 꺼내주시오……."

2304

벼슬아치의 꿈

한 벼슬아치가 아침에 눈을 뜨자마자 몸종을 불렀다.

"너 어젯밤 꿈에 나를 만났느냐?"

"아니요. 뵙지 못했는데요."

"뭐라고? 여봐라, 이년을 몹시 쳐라."

"나리, 저에게 무슨 죄가 있다고 그러십니까? 제발 진정하세요, 나리."

"어디서 감히 말대꾸를 하느냐? 네가 어젯밤 꿈에 나를 보지 못하였다니, 도대체 말이나 되는 소리냐?"

"하오나 뵙지 못한 것을 어찌합니까."

"못된 것, 끝까지 잡아떼는구나. 내가 꿈에서 너를 분명히 만났는데 어디서 감히 딴소리를 하느냐. 여봐라, 이년을 몹시 치지 않고 뭘 꾸물대느냐!"

벼슬아치는 그래도 몸종의 이실직고를 받아내려고 큰 소리로 말했다.
"내가 너를 끌어안기까지 했는데 그래도 발뺌을 할 셈이냐!"

2305
·

건망증

"누가 당신 옷섶에다 패쪽을 달았지요?"
"내 아내가요. 내가 편지 부치는 걸 잊을까 봐 그랬나 봐요."
"그래, 편지는 부쳤나요?"
"아뇨, 못 부쳤어요. 아내가 내게 편지 주는 걸 잊어먹었거든
요."

2306
·

구멍을 내지 마라

인색하기로 소문난 욕심 많은 노랑이가 호랑이에게 물려갔다.
이 사실을 안 아들이 활을 들고 호랑이를 뒤쫓아가 호랑이를 찾
아냈다. 그리고 아들이 호랑이를 쏘려 했다.
그때 노랑이가 외쳤다.
"이 녀석아! 호랑이의 다리를 쏴라. 잘못하여 화살이 몸을 뚫으
면 가죽에 흠이 생겨 제 값을 못 받게 된단 말이다!"

2307
·

말을 아니 할 때

아내가 말이 많자 남편이 참을 수 없다는 듯이 짜증스런 표정을 지었다. 그런데도 아내는 계속 말을 했다.

그래서 남편이 아내를 뚫어지게 들여다보았다.

"왜 나를 그렇게 뚫어지게 보세요?"

"고와서 보지. 당신은 말을 끊었을 때가 제일 이뻐."

2308
·

천재와 수재의 허풍

천재와 수재가 서로 말을 주고받았다.

"나는 지금 온 세계가 다 들어갈 만한 커다란 통을 보고 있다네."

수재가 하는 말이었다. 그러자 곧 천재가 말을 받았다.

"과연 큰 통이군. 그런데 나는 말이야, 뒷산에서 큰 대나무를 보고 왔어. 그 대나무 죽순이 올라오더니 점점 자라 구름을 뚫고 올라가서 하늘까지 닿았단 말야. 그런데 그 대나무가 다시 휘어져 내려와서 땅에 닿더군. 그런데 그것이 다시 휘어져 구름 위로 올라가 버렸단 말이야."

“정말 터무니없는 거짓말을 하는군. 그렇게 큰 대나무가 세상에 어디 있을라구.”

수재가 핀잔을 주었다. 그러자 천재가 다시 말했다.

“거짓말이라니. 그런 대나무가 없다면 자네가 보았다는 그런 통의 테를 어떻게 만들 수 있겠나?”

2309
·

싱거운 술맛

어느 동네에 잔치가 있어 온 동네 사람들이 모여 술을 마셨다. 그런데 그 술맛이 어찌나 싱겁고 맛이 없는지 맹물에 뜨물을 탄 것 같았다. 그래서 마시면 마실수록 오히려 술이 깨는 느낌이었다. 그러자 그 중 한 사람이 불평을 늘어놓았다.

“이 집 술이 왜 이렇게 싱거운지 아까 집에서 먹은 술까지 깨는구먼. 에잇…….”

그리고 주인에게 일어서서 말했다.

“댁의 술맛은 참으로 희한하구려. 되려 올 때 취해 온 것까지 모두 깨고 말았으니. 불그레하던 아까의 내 얼굴이나 돌려주시오.”

2310
·

술 대신 식초를 마신 곽행소

곽행소는 술을 몹시 좋아했다.

어느 날 밤 곽행소는 술 생각이 간절하여 아내에게 술상을 좀 봐달라고 부탁했다. 그러자 아내가 말했다.

“이 밤중에 어디 가서 술을 사 옵니까? 오늘은 좀 참으세요.”

"벌써 그렇게 됐나? 하지만 오늘은 도저히 참을 수가 없는데. 여보, 어떻게 구해 올 수 없을까."

"당신은 딱도 하슈. 아무 맛도 없이 시어빠진 식초 같은 술을 뭐가 좋다고 마시려고 안달이세요."

아내의 말에 곽행소는 별안간 무릎을 탁 쳤다.

"아, 이제야 생각이 나는군. 술이 없으면 식초라도 가지고 오구려. 급한데 할 수 없지 뭐."

"식초를 드시겠다구요?"

"모르는 소리. 식초 맛이 술맛보다 오히려 짜릿해서 나을지도 몰라."

아내는 남편이 하도 술타령을 하므로 할 수 없이 식초를 불에 데워서 주었다.

곽행소는 식초를 한 병이나 마시고는 옷을 입은 채로 곯아 떨어졌다.

이튿날 아내가 하인을 시켜 술을 사 오게 했다.

하인은 술통을 메고 돌아오는 길에 곽행소의 동생을 만났다.

"여보게, 웬 술인가?"

동생이 몹시 의아스럽게 여기고 물었다.

"예, 마님께서 나리 드실 술을 사 오라고 해서요."

"뭐? 형수가? 허어, 그거 알다가도 모르겠는걸……."

그러자 하인이 대답했다.

"마님께서 집에 식초가 얼마 남지 않았는데, 어젯밤 서방님께서 반이나 마셔 버렸으니, 이러다간 식초가 동이나고 말겠다고 하시면서 저에게 술을 사다 놓으라고 당부하셨습니다."

비로소 전후 사정을 짐작한 동생이 껄껄 웃었다.

2311

·

꿈

한 쌍의 부부가 금슬이 너무 좋아서 한번도 다툰 적이 없었다. 그런데 어느 날 아침 아내가 입이 한 발이나 나와 있었다.

그래서 남편이 물었다.

"무슨 일이야? 기분이 안 좋아 보이는데."

그러자 아내가 엉엉 울며 말했다.

"간밤 꿈에 당신이 외간 여자하고 뽀뽀하는 걸 봤어요. 또다시 내 꿈에 이런 일이 나타나면 당신과는 상대도 안할 거예요."

"허 참……."

남편은 어이가 없어서 말을 잇지 못했다.

2312

·

꼬리 달린 콩

어리석은 농부가 콩을 수레에 싣고 장터로 팔러 나가던 도중에 실수하여 수레를 개울 속에 처박고 말았다. 그래서 수레에 실렸던 콩이 몽땅 물에 빠져 퉁퉁 불어났다.

농부는 수레를 그대로 내버려둔 채 사람들을 부르러 갔다. 그 사이에 근처에 있던 사람들이 몰려나와 수레에 실린 콩을 건져 가고 말았다.

얼마 후 농부가 사람들을 데리고 물에 빠진 콩을 건지기 위해 와 보니 콩은 안 보이고 올챙이들만 바쁘게 움직이고 있었다.

"허어……."

농부는 난생 처음으로 올챙이라는 것을 보았다. 그래서 손을 휘저어 올챙이를 건지려 했으나 올챙이들이 재빠르게 달아나는 바람에 한 마리도 잡지 못했다.

　그래서 농부는 한참이나 멍하니 서 있다가,

　"녀석들, 벌써 나를 모른다고 도망을 치는구나. 잠시 동안에 꼬리까지 생겼을 줄이야. 내가 어찌 그걸 알았을까?"

하고 스스로 감탄해 마지않았다.

2313

·

경리의 부인

　호텔 경리를 찾는 여자가 있다고 심부름꾼이 아뢰었다.

　그러자 경리가 물었다.

　"어때? 이쁜 여자던가?"

　"예, 대단히 이뻐요."

　"그럼 들여보내게."

심부름꾼이 그 여자를 경리실로 들여보냈다.

이윽고 여자가 돌아간 다음 경리가 말했다.

　"저렇게 못생긴 여자를 왜 이쁘다고 말했지?"

　"전 경리님의 부인인 줄 알았어요."

　그러자 경리가 한숨을 길게 내쉬며 말했다.

　"그래, 내 아내가 맞네."

2314

뱀장수의 소원

뱀장수에게 세 아들이 있었다. 그 집은 몹시 가난하여 아들들이 모두 밖에 나가 각자 돈벌이를 해야 했다.

맏이는 거리에서 지나가는 사람들에게 구걸하여 잔돈 푼을 모았고, 둘째는 개구리를 잡아다 시장에 내다 팔았으며, 막내는 채련가(采連歌)를 불러 동냥을 얻곤 했다.

그러던 어느 날 뱀장수가 신기한 뱀을 발견하여 그것으로 큰 돈을 벌게 되었다. 그래서 아버지는 뱀장수를 그만두게 되었고, 아들도 걸식을 하지 않게 되었다.

이렇게 호의호식을 하게 되자 아버지가 한탄을 했다.

"지식이 없어 사람다운 행세를 하지 못하니 이보다 답답한 일이 또 있을까?"

그는 자식들까지 무식쟁이를 만들 수는 없다고 생각하여, 유명한 학자를 집에 초빙하여 세 아들을 가르치게 했다.

"늦은 감이 없지 않으나 아무쪼록 열심히 노력하여 아비를 기쁘게 하고 가문을 빛내 주기 바란다."

아버지는 신신당부했다.

세 아들은 아버지의 간절한 소원을 저버리지 않기 위해 열심히 공부했다. 그리하여 한 달이 지나자 세 아들의 학업이 상당히 발전했다.

"워낙 재주가 있어 벌써 가르친 효과가 나타나기 시작합니다."

선생이 아버지에게 입에 침이 마르도록 칭찬하자 아버지의 입이 찢어지게 벌어졌다.

아버지는 많은 친지들을 불러 잔치를 베풀고, 또 그 자리에 이름난 선비를 초빙하여 아들들의 글재주를 시험해 보도록 했다.

초빙되어 온 선비는 글재주를 시험하겠다고 말하면서 제일 먼저 막내에게 글제를 내 주었다.

"버들의 꽃가루가 분분히 나는구나(紛紛柳絮飛)."

그러자 막내가 곧 이어받아,

"연꽃이 뚝뚝 떨어진다(哩哩連華落)."

라고 대꾸했다.

다음에 선비는 둘째 아들에게 글제를 냈다.

"붉은 살구나무 가지 끝에 나비가 어지러이 날아다닌다(紅杏枝頭 紛飛蝶)."

그러자 둘째가 대꾸했다.

"푸른 수양버들 나무 아래서 청개구리를 낚는다(綠楊樹上釣靑蛙)."

마지막으로 큰아들에게는,

"구중궁궐 뜰 아래 문무 양반이 줄지어 서 있다(九重殿下排兩班 文武官員)."

라고 하니 큰아들이,

"십자로 길 모퉁이에 동냥 얻는 거지가 서 있구나(十字街頭叫畿 聲衣食父母)."

라고 대꾸했다.

대구들은 한결같이 과거의 자기들의 초라한 행색을 드러내는 내용뿐이었다.

아버지는 민망하고 망측스러워서,

"할 수 없는 일이로다. 모두들 내가 뱀장수일 때의 일만 생각하고 있구나."

하고 한탄해 마지않았다.

2315

·

붉은 수염

한 남자가 자기의 갈색 수염을 아내에게 매일같이 뽑냈다.

"나처럼 갈색 수염이 난 사람치고 약질은 찾아보기 힘들지. 그래서 나는 지금까지 살아오는 동안 남에게 업신여김을 받아 본 적이 없소."

이렇게 말하는 그의 앙상한 어깨를 쳐다보며 그의 아내가 내심으로 걱정되었으나 아무 말도 하지 않았다.

어느 날 밖에 나갔다 온 남편의 얼굴에 온통 상처투성이에다가 몸이 시퍼렇게 멍이 들어 있었다.

"아니 여보! 누구하고 싸웠소?"

"응, 그렇게 되었소."

"갈색 수염이 난 사람은 평생 남에게 업신여김을 받지 않는다고 하시더니……. 그럼 그건 말뿐이었군요?"

"상대방 얼굴은 온통 빨간 수염이었거든."

2316

·

사 랑

의사가 한 남자에게 물었다.

"당신의 아내가 당신을 사랑합니까?"

"물론이지요. 매일 내가 퇴근하고 집에 돌아가면 아내가 이렇게 말하거든요. '사랑하는 이여, 내 자전거 좀 메어 올려다 주세요'라고요."

2317

·

양 파

부인이 친구를 보고 말했다.
"양파를 썰 때 눈물이 나지 않게 써는 방법이 있단다."
"어떤 방법인데?"
"그야 간단해. 남편을 불러다 썰게 하면 되잖아."

2318

·

엎친 데 덮치면 안 돼

홀아비가 모처럼 아내를 맞이하였는데, 매파의 말만 믿고 용모가 아름다운 여자로 착각하고 있었다. 그런데 막상 보니 추녀인데다 또 멍청스럽기 그지없는 여자였다. 기왕 이렇게 된 바에 어쩔 수 없이 데리고 살았으나 홀아비의 불만은 대단했다. 그때마다 남편이 말했다.
"이 사람은 혼자 살아도 나는 혼자 살 수 없어."
또 어느 때는 이렇게 말했다.
"망할 계집, 죽지도 않아!"
홀아비는 속이 상해 이렇게 중얼거렸지만, 미련한 아내는 이를 알아듣지 못했다.
그러던 어느 날 아내가 친정에 가게 되어 자기의 아버지에게 물었다.
"제 남편은 날마다 '이 사람은 혼자 살아도 나는 혼자 살 수 없어'라고 하는데, 그게 무슨 뜻일까요 아버지?"
"아주 듣기 거북한 소리로구나. 네가 보기 싫다는 뜻이야."
"아이고 분해라. 나는 그것도 모르고. 그럼 어떻게 대꾸해야 하나요?"

"음, 또다시 그따위 괘씸한 소리를 하거든 '딴 사람은 다 과부가 돼도 나는 과부가 되긴 다 틀렸어'라고 말해라."

이렇게 단단히 교육을 받고 돌아온 아내는 남편이 다시 그 말을 하기를 고대하고 있었다. 아니나 다를까 남편이 또다시,

"이 사람은 혼자 살아도……."

하고 말했다. 이때 아내는 그 말이 나오기가 바쁘게 가르침을 받은 대꾸를 하려 했다. 그런데 안타깝게도 아버지가 일러준 말을 깜박 잊고 말았다. 그래서 아내는 얼떨결에 생각나는 대로,

"딴 사람은 얼굴이 곪아 터져도 나는 결코 곪아 터지지 않을 거예요!"

라고 대꾸했다. 그러자 남편이 탄식하듯이,

"그거야 나도 바라는 바요. 혹시 당신 얼굴이 곪아 터지기라도 한다면 그야말로 엎친 데 덮친 격이 될 테니까 말이오."

라고 말하고는 쓰디쓰게 웃었다.

2319

선 물

아내가 남편에게 말했다.

"성탄절에 무슨 선물을 사 오실 거예요?"

"아직 생각해 보지 않았어."

"그럼 좋아요. 일 년의 시간을 다시 줄 테니 고려해 보세요."

2320
·
은 인

아내가 병원에 자꾸 드나들자 남편은 그것이 못마땅했다. 그래서 남편이 물었다.

"참 이해할 수가 없단 말야. 당신은 병도 없이 무슨 일로 자꾸 병원을 드나드는 거요?"

"당신은 나하고 그 의사의 관계를 모르세요?"

"무슨 관계인데 그래?"

남편이 신경이 곤두서서 말했다.

"그 의사는 당신의 은인이라 할 수 있어요. 나의 전 남편을 죽인 이가 바로 그 의사예요. 그렇지 않으면 내가 당신과 결혼할 수 있었겠어요?"

2321
·
잘못 보다

검찰관이 피고에게 물었다.

"당신은 밤중에 왜 그 여자의 집에 뛰어들었습니까?"

이에 피고가 대답했다.

"저는 우리 집인 줄 알았습니다."

"그렇다면 왜 그 여자를 보자마자 도망쳤습니까?"

"나의 마누라인 줄 알았습니다."

2322

높은 베개

과거 공부를 하는 왕씨가 있었다.

그는 부유한 부모 밑에서 공부하는 입장인지라 아버지한테서 돈을 받아 유흥에 빠져 있었다.

그날도 그는 밤새도록 술을 마시고 대낮에 절에 들어와 사미승을 불렀다.

"볼 만한 책이 없는가? 스님께 말씀드리고 빌려 와라."

사미승은 이 말을 전하고 책 한 권을 빌려다가 왕생에게 주었다. 이를 본 그가 신경질을 부리며 말했다.

"낮다!"

사미승은 책의 수준이 낮아서 그러는가 보다고 생각하고 그보다 약간 어려운 책을 찾아서 그에게 갖다 주었다. 그런데 그가 또 '낮다'는 한마디로 거들떠보지도 않았다.

그래서 사미승이 되돌아가서 그 책보다 더 어려운 책을 갖다 주었다. 그러나 왕생의 대답은 역시 '낮다'였다.

그래서 스님이 그가 얼마나 수준이 높은 책을 원하는가 싶어 직접 알아보려고 왕생을 찾아가서 물었다. 그러자 그가 태연하게 이렇게 말하는 것이었다.

"낮잠 좀 자려고 목침으로 사용하려니까 모두 낮더군요."

2323

·

마지막 날

박영이라는 사람이 친구에게 물었다.
"자네, 왜 그렇게 기분이 나빠 있는가?"
"마누라와 다투었어. 한 주일 동안 나하구 말도 하지 않겠다는
거야."
"이보게, 차라리 잘된 일이네. 그렇게 기분 나빠할 것 없네."
"모르는 소릴세. 일주일이 다 가고 오늘이 마지막 날이야."

2324

·

절 약

남편이 아내에게 살림을 절약하라고 타일렀다. 그러자 아내가
말했다.
"당신도 절약하세요. 담배도 끊고 술도 끊어요. 그리고 낚시질과
사냥도 다니지 마세요."

2325

·

책을 감추다

남편이 아내에게 물었다.
"내가 사 온 책 못 봤어?"
"무슨 책을요?"
"《오래 사는 비결》이라는 책 말야."

그러자 아내가 태연스럽게 대답했다.
"감춰 두었어요."
"왜?"
"당신 어머니가 보실까 봐요."

2326

대머리에 삔 다리

파리 한 마리가 대머리 영감을 가리키며 친구 파리에게 말했다.
"여보게, 이번에는 자네가 저 영감의 머리에 앉아 보게. 간지러워서 쩔쩔 매는 꼴이 볼만하단 말일세."
그러자 다른 파리가 고개를 설레설레 흔들었다.
"아냐. 지난번에 저 영감의 대머리에 앉았다가 그만 미끄러져서 한쪽 다리를 삐고 말았어……."
그러자 다시 말했다.
"아니야. 지난번에는 잘못하여 미끄러져 사고를 당했지만 조심하면 괜찮을 거야."
이 말에 다리가 삔 파리가 말했다.
"아니, 나머지 다리마저 삐면 나는 어떡하라고."

2327

결혼과 전쟁

갑돌이가 을돌이에게 말했다.
"난 내가 결혼한 날짜를 평생 잊지 못할 거야. 그날이 바로 세계대전이 일어난 날이었으니깐 말야."

그러자 을돌이도 한마디 했다.
"나도 마찬가지야. 우리는 결혼하는 날 한바탕 싸웠지. 역시 전쟁이 일어난 셈이야."

2328
·
욕지거리

재영이가 친구 형수에게 말했다.
"자네 마누라가 간밤에 누구에게 그렇게 욕지거리를 했나?"
그러자 형수가 대답했다.
"누구를 욕했느냐구? 거야 원, 밉살스러운 강아지를 욕했지."
"불쌍하군. 내가 듣기에는 자네 마누라가 침대에 올라가지 못하게 그 강아지를 욕하는 것 같던데."

2329
·
믿을 수 없다

아내가 남편에게 말했다.
"요즘 같은 세상엔 누구도 믿을 수가 없어요."
"그게 무슨 말이오?"
"장에 갔다가 거스름돈으로 가짜 돈을 받았거든요."
"어디 보자구."
그러자 아내가 말했다.
"버스표를 살 때 써 버렸어요."

2330

·

개가 목욕하는 날

옛날 어느 고을에 매년 유월 육일이 오면 개와 고양이에게 목욕시키는 날로 정하고 그날은 특별히 사람들은 목욕하지 않는 습관이 있었다.

그때 어느 기생집에 놀러 온 남자가 더위를 이기지 못해 목욕을 하겠다고 했다. 그러자 기생이 크게 놀라며 말렸다.

"아니, 오늘은 유월 육일인데 목욕을 해요?"

그러나 그는 그 말엔 아랑곳없이 목욕하기를 청했다.

그러자 기생들이 모두 입을 삐죽거리면서 비웃었다.

"저 사람은 오늘 아니면 목욕할 수 없는 사연이 있나 보군!"

이윽고 그가 목욕을 하고 방에 돌아와 보니 기생의 모습은 간 곳이 없고 이부자리 위에 암캐 한 마리가 기다리고 있었다. 마치 새색시처럼 수줍어하면서.

2331

·

후 회

신랑이 신부에게 진주 목걸이를 사다 주며 말했다.

"이건 진짜 진주 20개요."

그래서 아내가 궁금하다는 듯이 물었다.

"왜 20개만 들어 있어요?"

"당신 나이가 스무 살이라 했으니깐."

그러자 신부는 마음속으로 자기 나이를 속인 걸 슬그머니 후회했다.

2332

·

부자에게 시집을 가라

변호사가 결혼을 했는데 아내가 이것저것 요구하는 것이 많아서 견딜 수가 없었다.

"우리는 식사할 곳이 따로 있어야겠어요. 거실에 담요도 새로 사다 펴야 하구요. 텔레비전도 한 대 더 있어야겠어요. 그리고 또……."

"알았으니까 그만해요. 당신이 요구하는 대로 다 있게 될 거요."

"어떻게요?"

"한 부자가 우리 사무소에 찾아와서 이혼을 제기했소. 그 부자가 이혼하게 되면 당신이 그 사람과 결혼하오. 그에겐 돈이 얼마든지 있으니깐."

2333

·

책을 태우다

남편이 아내에게 말했다.

"요즘 내가 보던 책 못 봤소?"

그러자 아내가 말했다.

"태웠 버렸어요."

"뭐라구? 그 좋은 책을 왜 태워?"

"금방 결혼한 우리가 《이혼》이란 책을 보다니 말이나 돼요."

2334

·

공중에 타면 곤란해

어느 부잣집 아들이 신혼여행에서 돌아와 친구에게 자신이 재미 본 이야기를 털어놓았다. 그리고 말 끝에 이런 말을 했다.

"하여튼 그녀를 달래는데 혼났어……. 아내는 끝내 타지 못하게 하잖겠어? 타면 기분도 좋고 빠르다는 것도 알고 있으면서 막무가내로 안 된다는 거야. 타기만 하면 얼마나 신나고 좋아."

하며 못 탄 걸 무척 후회했다. 그리고는 덧붙였다.

"자네들은 아예 비행기 멀미하는 여자와는 결혼하지 말게. 여행할 때 골탕먹어!"

2335

·

미 몽

아내가 남편에게 꿈에 대한 이야기를 했다.

"어젯밤 꿈에 당신이 나에게 돈뭉치를 주면서 옷을 사 입으라고 했는데 당신이 꼭 그렇게 해 주길 바래요."

그러자 남편이 말했다.

"하구말구. 어젯밤 꿈에 나도 당신에게 돈뭉치를 줬지. 옷을 사 입으라구."

2336

·

자기 머리를 때리다

아내가 늘 남편을 두들겨 패곤 했다.

그러자 이웃집 사람들이 그녀에게 말했다.

"남편은 집 주인이오. 그러므로 아내는 집 주인 말을 들어야 하오. 남편이 머리라면 아내는 손발이오. 그러므로 머리가 시키는 대로 해야 하오."

"그럼 내 머리를 내 마음대로 때릴 수도 없단 말이오?"

하고 아내가 소리를 질렀다.

2337

·

해 몽

아내가 남편에게 말했다.

"제가 꿈을 꿨는데 꿈에 당신이 목걸이를 사 왔더군요. 그게 무슨 뜻인지 알겠어요?"

그러자 남편이 말했다.

"알구말구."

저녁이 되자 남편이

비닐주머니를 가져왔다. 아내가 꺼내 보니 책이 한 권 들어 있었다. 《해몽》이라는 책이었다.

“이 책 속에 해답이 있을 거요.”
남편의 말에 아내는 꿈에서 깨어난 기분이었다.

2338
·

바나나 이야기

젊은 남녀가 뒷자석에서 소곤소곤 이야기를 나누는 소리가 앞자리에 앉은 손님의 귀에 들려 오자 그는 그만 얼굴을 붉혔다.
“당신은 큰 게 좋아, 작은 게 좋아?”
“저는 너무 큰 것은 싫어요. 맛도 한결 덜하고 입안에 가득하면 아무리 맛이 좋다고 해도 음미할 수가 없잖아요.”
“그것도 그렇군. 그럼 중간쯤 되는 것이 좋단 말이지?”
“네. 요런 것이 좋아요.”
대낮부터 굉장한 이야기를 하는구나 생각하며 앞자리의 손님이 뒤를 돌아보자, 그들 젊은 남녀는 한창 바나나를 먹고 있었다.

2339
·

거 울

아내가 몸단장을 하기 위해 거울 앞에 앉았다가 대성통곡을 하기 시작했다.
“내 얼굴이 왜 이렇게 보기 흉하게 늙었을까?”
아내가 혼잣소리를 하며 목놓아 울었다.
그러자 남편이 보다 못해 말했다.
“당신은 어쩌다 거울을 보고 상심하지만 매일 당신을 보는 내 마음은 어떻겠소?”

2340

·

누가 돌볼까

남편이 집안일을 털끝만치도 하지 않을 뿐더러 아내를 전혀 도와주지 않았다.

어느 날 아내가 벽에 회칠을 하고 있는데 남편은 소파에 앉아 담배만 피우고 있었다.

그러자 아내가 성을 내며 말했다.

"당신은 정말 사람도 아니에요. 내가 지쳐서 쓰러지면 어쩌려고 그러세요?"

그러자 남편이 말했다.

"내가 도와주지. 그런데 우리 둘이 같이 일하다가 둘 다 지쳐서 쓰러지면 누가 우릴 돌봐주겠소?"

2341

·

의복을 버렸다

남편이 친구를 찾아가 하소연을 했다.

"우리 마누라가 성을 내면서 내 의복을 창 밖으로 집어던져 버렸단 말이야."

"그게 무슨 대순가. 나가서 주워 오면 되지."

"주워 오다니. 의복을 입고 있는 채로 나를 안아서 내던져 버렸단 말일세."

2342
·

어제야 알았다

아내가 이웃 사람에게 남편의 흉을 늘어놓았다.
"우리 남편은 참 별난 사람이에요. 일 년 전에 벌써 귀가 멀었는데 나는 어제야 알았거든요. 그저 무조건 복종하느라고 고개만 끄덕였으니 그이 귀가 먹은 줄 내가 어찌 알겠어요."

2433
·

선 생

한 쌍의 부부가 남자가 먼저 생겼는가 여자가 먼저 생겼는가에 대한 문제를 놓고 다투었다.
먼저 남편이 말했다.
"인류는 남자가 먼저 생긴 거요."
그러자 부인이 반박했다.
"아녜요. 여자가 먼저 생겼어요."
"만약 남자가 먼저 생긴 것이 아니라면 왜 남자를 선생이라 부르겠소? 먼저 생겼으니 선생(先生)이라 하지."
" '선생'의 '선'이란 여자가 먼저 나와서 남자를 낳았다고 '생'자를 덧붙여 만든 것이 '선생'이란 말이에요."

2344
·

물 길러 간다

마누라를 두려워하는 남편이 마누라와 다투다가 홧김에 멜대를 번쩍 들고 때리려고 했다.
그러자 마누라가 눈을 부릅뜨고 크게 소리를 질렀다.
"당신 어쩔 셈이야!"
이에 남편이 겁을 집어먹고 말했다.
"물 길러 가는 길이오."

2345
·

안내료를 못 받아

등산 안내원이 관리에게 얼굴을 찌푸리면서 말했다.
"그 손님은 이곳에서 갑자기 절벽 밑으로 뛰어내려 자살했습니다. 정말 속상해 죽겠어요."
관리가 그를 바라보며 물었다.
"자네가 그렇게 마음 아파할 이유가 없잖은가?"
"실은 그 손님에게서 아직 안내료를 받지 못했거든요."
"뭐라구?"

2346
·

보호해 달라

한 남자가 경찰서로 달려와 빨리 자기를 가두어 넣으라고 했다.

그는 자기의 아내를 부삽으로 때린 죄가 있다고 했다.

이에 경찰이 물었다.

"아내를 때려 죽였습니까?"

"아니지요. 그가 살아 있기에 여기로 도망쳐 온 겁니다."

2347

인색한 아버지

어느 등짐장수가 아들을 데리고 함께 장삿길을 떠났다.

그들은 여러 곳을 떠돌아다니며 장사를 했으나 얼마나 인색했던지 자기들 돈으로는 물 한 모금도 사 먹지 않았다. 때가 되면 아무 집이나 들어가 밥 한 술씩 얻어 먹기가 일쑤였고, 아니면 굶기를 밥먹듯 했다.

어느 날 어떤 마을에 들어섰는데 마침 잔칫집을 만나 두 부자는 오랜만에 푸짐하게 먹을 수 있었다. 그들은 상에 나온 음식을 모조리 해치웠으므로 배가 불러 술을 마실 수 없었다. 그래서 허리에 찬 물병에 술을 부어 담고 그 집을 나와 얼마쯤 가다가 길 옆에 앉아 물병을 열었다. 그리고 한꺼번에 먹는 게 아까워서 손가락으로 한 번씩 찍어 빨아먹기로 했다.

아들이 아버지의 눈을 속여 듬뿍 찍어서 두 번이나 손가락을 빨자 아버지가 깜짝 놀라면서 말했다.
"이놈아, 어째서 그처럼 폭음을 하냐? 취하면 어떻게 걸으려고 그래!"

2348
·
함구무언

남편이 친구에게 말했다.
"난 벌써 이틀째나 아내를 보고 말을 안했어."
"왜? 둘이서 다투었나?"
"아니야. 아내가 혼자서 이틀 동안 줄곧 말을 하는 바람에 내겐 말할 겨를도 없었어."

2349
·
장 모

남편이 친구에게 말했다.
"장모님이 밉살스러워 죽겠어."
"그게 무슨 말인가? 자네 장모가 아니면 자네 아내가 어찌 있겠는가?"
"그래서 하는 말일세. 장모가 왜 그런 악마 같은 딸을 낳았는지 모르겠어."

2350

·

하나님의 징벌

한 쌍의 부부가 다투고 난 뒤 아내가 남편에게 말했다.

"당신은 늘 이렇게 말했지요. 하느님께서 당신에게 나를 주셨다고요."

"그래. 난 지금도 그렇게 생각하고 있어."

"그렇다면 뭐가 못마땅해서 그러세요?"

"하느님이 당신을 내게 준 건 나에 대한 하느님의 징벌이야."

2351

·

키 스

남편이 집으로 들어와 보니 아내가 낮잠을 자고 있었다. 그래서 살금살금 다가가 가만히 키스를 했다. 그런데 아내가 여전히 깨어나지 않자 한번 더 키스를 했다. 그러자 아내가 눈을 뜨지 않은 채로 말했다.

"오늘은 안 돼요. 남편이 곧 와요."

2352

·

혼인 실패

한 남자가 친구에게 하소연을 했다.

"나는 두 번 혼인에 실패한 사람일세."

"어떻게 실패했는가?"

“첫번째 여편네는 도망을 쳤지.”
“그럼 두 번째는?”
“두번째 여편네는 죽어도 가지 않겠다고 하네.”

2353
·
남자의 기개

김서방이 친구에게 말했다.
“마누라의 분이 가라앉은 뒤에 잘못했다고 빌면 웃을 게 아닌가?”
“안 되네. 잘못했다고 하면 더욱 성을 낸다네.”
“왜?”
“남자가 기개도 없는 졸부 같다고 마구 욕을 퍼붓는단 말야.”

2354
·
게으른 부부

아내가 남편에게 일을 맡겼다.
“오늘은 일요일이니까 침대보를 좀 씻으세요.”
그러자 남편이 헤헤 웃으며 말했다.
“뭘 씻을 게 있어. 그걸 뒤집어 놓으면 새것이 되는데.”
“내가 벌써 한 번 뒤집어 놨댔어요. 당신도 참 게으르기 짝이 없군요.”

2355

·

싸우지 않는 비결

한 남자가 마누라의 괄시를 받다 못해 친구들에게 어떻게 하면 다투지 않고 화목한 가정을 이룰 수 있는가고 물었다.

그러자 첫번째 친구가 말했다.

"나의 비결은 민주적인 데 있지. 내 의견과 마누라의 의견이 같으면 마누라가 나에게 복종하고 의견이 같지 않으면 내가 마누라에게 복종하지."

이번엔 두 번째 친구가 말했다.

"나하구 마누라는 평등하다네. 제가끔 일을 맡아 하지. 내가 맡은 건 응접실과 침실, 주방 청소고 마누라가 맡은 건 파출부와 나를 관리하는 걸세."

그러자 세 번째 친구가 말했다.

"나는 독재를 주장하네. 우리 집에서 큰일은 다 내가 하고 마누라는 자질구레한 일만 하네. 그런데 지금까지 우리 집은 큰일이 없고 그저 마누라가 하는 자질구레한 일뿐이었다네."

2356

·

제정신

어느 날 아내가 남편에게 슬며시 물어보았다.

"약혼했을 때 당신은 나를 천사라고 했지요?"

"물론이지."

"그런데 지금은 왜 그렇게 부르지 않아요?"

그러자 남편의 대답이 가관이었다.

"지금은 제정신으로 돌아왔거든."

2357

·

젊은이와 무당

어떤 젊은이가 유명한 무당의 제자가 됐다. 그러나 무당은 무엇 하나 변변히 가르쳐 주질 않았다.

젊은이는 언젠가 때가 되면 가르쳐 주겠거니 하고 기다리면서 스승의 하는 양을 머릿속에 새겨 두곤 했다.

그러던 어느 날 스승이 외출하고 없는 사이에 어떤 사람이 찾아와 급히 굿을 해달라고 부탁했다. 그래서 젊은이가 말했다.

"선생님께서 지금 출타중이신데 밤늦게나 돌아오실 것 같습니다."

그러자 그 사람이 화를 내며 말했다.

"사람이 당장 죽어 가는데 밤늦게까지 어떻게 기다리란 말이오?"

그래서 젊은이가 얘기했다.

"그럼 제가 해 보겠습니다. 한번도 해 본 적이 없지만, 배울 것은 다 배웠으니까 스승님이나 진배없을 것입니다."

우선 부딪혀 볼 생각으로 젊은이는 그 사람을 따라갔다. 그리고 제물(祭物)을 갖추게 한 뒤에 징을 치고 춤을 추면서 무턱대고 뛰었다. 곧 피로가 오고 온몸에 땀이 배어 왔다. 이윽고 지칠 대로 지친 그는 자기도 모르는 주문을 마구 외워댔다.

그런데 그 모습이 흡사 신들린 사람을 방불케 했다. 그는 시간을 채워 사례를 잔뜩 받아가지고 돌아왔다.

그날 저녁 젊은이는 스승에게 전말을 고하고 사후(事後) 승인을 청한 뒤에 말했다.

"그것이 그렇게 힘든 일인 줄은 정말 몰랐습니다. 엉터리로 하는데도 그렇게 힘이 드니 스승님처럼 제대로 하자면 얼마나 힘이 들까요?"

이 말을 듣던 스승 무당이 말했다.

"엉터리라니, 무슨 소린가? 나도 그 정도밖엔 모른다네."

2358
·

어쩔 수 없이

회사에 출근한 한 남자에게 동료가 말했다.
"얼굴색이 왜 그래? 꺼칠하니 밤잠을 설친 것 같군."
"그렇소. 어젯밤에 날이 샐녘에야 집으로 들어서서 자려고 옷을 벗는데 마누라가 깨어나 말하기를, '왜 이렇게 일찍 일어나세요'라고 하기에 할 수 없이 옷을 다시 주워입고 출근을 했지."

2359
·

돈과 시간

작가의 아내가 남편에게 말했다.
"당신은 늘 시간이 없다고 우는 소리를 하는데 백 년을 1초로 보는가 보지요?"
그러자 작가가 태연스레 대답했다.
"그렇소."
"그렇다면 1억 원은요?"
"1전으로 여기지."
이에 작가의 아내가 손을 내밀며 말했다.
"그럼 1전을 내놓으세요."
"좋소. 그럼 당신은 1초를 기다려야 하오."

2360
·

염라대왕의 모녀

남편이 임종에 처한 마누라에게 물었다.
"당신이 죽은 뒤 어떤 여자를 아내로 맞아들이는 게 좋겠소?"
그러자 마누라가 고래고래 소리를 지르며 마구 욕을 퍼부었다.
"망할 자식! 내 숨이 아직 붙어 있는데 그 따위로 말하다니. 너 같은 자식은 염라대왕의 에미와 함께 살게 될 거다."
그러자 남편이 머리를 절레절레 흔들었다.
"그건 안 될 일이오. 난 이미 염라대왕의 딸을 아내로 삼았는데 염라대왕의 에미와 함께 살게 되면 그게 무슨 꼴이 되겠소."

2361
·

두렵다

아내가 남편에게 재촉하며 말했다.
"당신 어서 정거장에 가서 우리 어머니를 좀 모셔 오세요."
이에 남편이 말했다.
"무서워 못하겠소."
"뭐가 무서워요?"

"당신이 날보고 당신 말고는 그 어떤 여자와도 만나서는 안 된다고 하지 않았소."

2362
·

이쁘고 미련하다

남편이 아내에게 물었다.
"하나님은 왜 여자들을 이쁘면서도 한편으론 미련둥이로 만들었을까?"
그러자 아내가 시큰둥하게 대답했다.
"거야 간단하지요. 여자가 이쁘니깐 남자들이 사랑할 수 있는 게고 미련하니깐 당신 같은 남자를 사랑하게 된 거지요."

2363
·

깍쟁이

어떤 부인이 아들의 방을 청소하다가 무심코 책상 서랍을 열었다가 깜짝 놀랐다. 책상 안에 나체 사진이 네다섯 장이나 들어 있었던 것이다.
그녀는 계단을 뛰어내려가 출근 준비를 하고 있는 남편에게 그 사진을 내밀며 신경질적으로 말했다.
"이걸 봐요! 우리 아들 책상 서랍 속에 이런 게 들어 있었어요! 아직 열다섯밖에 안 된 녀석이 이런 사진을 갖고 있다니, 정말 어처구니가 없어요. 오늘 저녁엔 단단히 야단을 치세요."
그러자 남편이 그 사진을 한참 동안 들여다보더니 말했다.
"음, 단단히 야단을 쳐야지. 이런 근사한 것을 손에 넣었으면서 내게는 보여주지도 않다니, 깍쟁이 같은 녀석이야!"

2364
·

키 큰 여자가 부럽다

남편이 늘 아내 앞에서 키가 큰 여자를 부러워하며 말했다.
"미끈하게 잘 빠진 다리에 늘씬한 몸매, 얼마나 멋진가? 그런 여자와 한번 사귀어 봤으면 좋겠네."
그러자 아내가 화가 나서 말했다.
"당신은 그렇게 꺽다리 여자를 부러워하면서 왜 나 같은 키 작은 여자를 얻었어요?"
"거야 당신 키가 더 클 줄 알았지."

2365
·

선 물

여러 사람 앞에서 남편이 아내의 생일날에 멋진 보석반지를 선물로 사다 주었다.
그러자 친구가 말했다.
"자네, 그 선물이 괜찮기는 하지만 그보다 더 비싼 자가용을 사 주면 더 기뻐할 게 아닌가?"
"나도 그렇게 생각해 봤네. 그런데 나는 가짜 자가용을 아직 보지 못했단 말일세."

2366
·
도 적

남편이 아내를 보고 큰소리로 말했다.

"어느 귀신이 내 돈지갑에서 돈을 훔쳐갔나?"

그러자 아내가 은근슬쩍 말했다.

"당신 왜 아들을 의심한대요?"

"아들을 의심하다니? 아들애라면 돈을 전혀 남겨 두지는 않았을 거야."

2367
·
주례산가 강의인가

주례가 주례사에서 말했다.

"신부의 의상은 예부터 순백으로 정해서 있습니다. 왜냐하면 순백은 청렴결백함을 의미함과 동시에 여성의 행복을 의미하기 때문입니다. 이것을 역사적으로 고찰해 보면……."

이때 한 학생이 손을 들더니 물었다.

"그럼 신랑이 검은 양복을 입는 것은 무엇 때문이에요?"

주례는 주례 순서가 갑자기 뒤바뀌어 얼떨결에 대답했다.

"그렇지. 그것도 옛날부터가 관습이지만 내 경험에 의하면 결혼은 남성에게 있어서 인생의 묘지이기 때문이라고 생각해요."

2368

·

머리카락과 수염

아내가 남편에게 물었다.
"남자들이 머리카락이 빠지고 번대머리가 되는 건 머리를 너무
쓰기 때문이라는데 그게 참말인가요?"
"그럼 참말이지. 여자들이 수염이 나지 않는 것은 쉴 새 없이 떠
들어대기 때문인 것과 마찬가지로."

2369

·

장수의 비결

아내가 남편에게 물었다.
"왜 여자가 남자보다 오래 살까요?"
그러자 남편이 비꼬듯 대답했다.
"거야 여자에게는 아내가 없어서 밤낮 바가지 긁는 소리를 듣지
않기 때문이겠지."

2370

·

두려워하지 않는다

아내가 남편에게 물었다.
"당신은 늘 죽음을 두려워하지 않는다, 나를 위해선 더욱 그렇다
고 했잖아요. 그런데 왜 공원에서 곰이 뛰쳐나오자 나를 버리고
혼자 도망쳤어요?"

그러자 남편이 말장난하듯 말했다.
"그렇게 말했지. 주검을 두려워하지 않는다고 했지. 그런데 그 곰은 산 게 아닌가?"

2371

울 음

아내가 아이를 낳은 후 의사에게 말했다.
"의사 선생님, 제 남편에겐 제가 딸을 낳았다는 걸 알리지 말아 주세요."
그러자 의사가 왜 그러느냐고 물었다.
"그이가 알게 되면 애기보다도 더 시끄럽게 울 테니깐요."

2372

부부 침대

중년의 부부가 여관에 와서 부부 침대를 요구했다. 그러자 여관 주인이 빈 부부 침대가 없어서 죄송하다고 말했다.

그래서 그들은 지금까지 한번도 갈라져 자 본 적이 없다고 했다. 그러자 주위에서 이 말을 듣고 있던 사람들이 그들을 무척 부러워했다.

이때 부인이 말했다.

"부부 침대에 같이 자야 남편이 코를 골 때 귀쌈을 칠 수 있거든요."

2373
·
담배 피우는 여자

아내가 담배 피우는 걸 보고 남편이 깜짝 놀라며 말했다.

"웬일이야? 당신은 가수야. 담배를 피우면 목소리가 쉰단 말이야."

그러자 아내가 상관없다는 듯이 말했다.

"지금은 쉰 목소리로 노래하는 게 유행이거든요. 차라리 잘 된 거지요."

2374
·
사 진

남편이 오랜만에 만난 아내에게 말했다.

"내가 상해에서 보낸 편지 받았어?"

"네, 받았어요. 그런데 감히 뜯어 보질 못했어요."

"왜?"

"겉봉에다 '안에 사진이 있으니 접지 말 것'이라고 써 놓아서 뜯지 못했지요."

2375

·

밍크 코트와 외도

"내가 만약 밍크 코트를 입을 수 있다면 무엇이든 하겠어."
하고 젊은 여배우가 친구들에게 말했다.

그러더니 그녀는 과연 칠팔 개월이 지나 훌륭한 밍크 코트를 걸치고 나타나 친구들을 부럽게 했다. 하지만 그녀는 임신으로 인해 배가 불러서 단추를 채울 수가 없었다.

2376

·

빈 병

술을 안 마시기로 약속한 남편의 방에 들어갔다가 빈 술병을 발견한 아내가 물었다.

"이거 어디서 사온 거예요?"

"나도 잘 모르겠소. 이상한데, 난 종래로 빈 병을 산 적이 없는데……."

2377

·

사냥 가다

사냥꾼 차림을 하고 나서는 사람을 보고 그의 친구가 물었다.

"어디로 가는 길인가? 사냥철도 아닌데."

"쉿, 큰소리로 말하지 말게. 우리 여편네가 듣겠네."

2378

·

고발장

추운 겨울날 양을 기르는 한 노인이 양을 쫓다가 양이 그만 남의 밭에 들어가게 되었다. 그러자 그 사실을 알게 된 농부가 분개하여 양 주인을 찾아갔다. 농부는 노인을 관청에 고발하겠다며 은 두 냥을 내놓고 고소장을 써달라고 했다.

고소장을 들고 농부는 현청에 곧 제출했다. 그 소문을 들은 노인도 고소장을 써 준 사람을 찾아가 자기의 청을 들어주면 양 한 마리를 사례로 드리겠다며 고소장을 부탁했다.

고소장을 써 준 사람은 한참 생각한 끝에 설날도 가까워졌는데 두 냥의 은전과 한 마리의 양을 붓 한 자루로 벌 수 있겠다 싶어서 양 기르는 노인에게도 고소장을 써 주었다.

현리가 두 사람의 고소장을 들여다보았다. 현리는 고소장이 같은 필체로 쓰인 것으로 보아 한 사람이 써 준 것으로 짐작하고 두 사람에게 화해를 권했다.

농부의 고소장에는 이렇게 씌어져 있었다.

'엄동 섣달에 땅은 거친데 양이 보리를 뜯어 먹으면 농부에게는 피를 빼앗는 것과 같다.'

그리고 노인의 고소장에는 이렇게 씌어져 있었다.

'섣달의 땅은 얼음과 같아 양이 보리를 뜯으면 밭고랑을 부토(敷土)질하는 것과 같다.'

그래서 현감은 두 사람을 불러 화해시키는 길밖에 없었다.

2379

·

목걸이

부인이 남편에게 자주 목걸이를 사 달라고 졸랐지만 남편이 번번이 기억하지 못하고 빈손으로 돌아오곤 했다.

어느 날 부인이 또 남편에게 졸랐다.

"오늘은 꼭 잊지 마세요. 금목걸이 사는 거 말예요. 약혼 때 당신이 나에게 달을 사 주겠다고 하신 약속을 기억하고 있어요?"

그러자 남편이 말했다.

"거야 달을 파는 사람이 없으니깐 그렇게 말했지."

2380

·

모르면서 아는 척

술집에서 손님들이 모여앉아 2천년 전의 공자님 애기를 하고 있었다. 그러자 돈이 많은 듯한 한 부인이 제꺽 말참견을 했다.

"오늘 아침 그 공자가 12번 버스를 타고 해변가로 가는 걸 봤지요."

그러자 장내에서 폭소가 터졌다. 폭소 소리에 부인이 어리둥절해 하며 할말을 잃었다.

술집에서 나오자 남편이 부인에게 핀잔을 주었다.

"내가 몇 번이나 귀띔해 주었어. 잘 모르는 건 말하지 말라고."

"내가 잘못한 말이 뭔데요?"

당황해 하는 부인에게 남편이 말했다.

"우리가 여기로 이사와서 산 지도 오래 됐잖아. 그런데 12번 버스가 해변가로 가는 게 아닌 것을 여직 모른단 말이오."

2381
·
헤아리다

마누라가 남편에게 물었다.
"결혼 전에 당신은 여자가 몇이나 있었나요?"
그 말에 남편이 묵묵히 앉아 있자 아내가 재촉하며 말했다.
"모르쇠를 놓지 말아요. 어서 말해 봐요."
"가만있소. 나 지금 세어 보는 중이니까."

2382
·
소 금

밥을 먹다가 갑자기 남편이 물었다.
"집에 소금이 있소?"
그러자 아내가 일어서며 말했다.
"아니, 아직도 반찬이 싱거워요? 소금을 가져올께요."
"그만두오. 난 집의 소금을 몽땅 장국에 쏟아넣은 줄 알고 물었소."

2383
·
기 적

한 친구가 죽마고우인 친구에게 말했다.
"갑자기 말을 한다고 가정해 봐. 이것이 그래 기적이 아니겠어?"
"아니, 우리 여편네가 갑자기 벙어리가 됐다면 이거야말로 기적이지.”

2384

·

자기 변명

독사 한 마리가 염라대왕 앞으로 끌려가 문초를 받게 되었다. 기록을 들추어 본 염라대왕이 물었다.

“네놈은 사람을 물어 죽게 했으니 마땅히 죽어야겠다.”

그러자 뱀이 한 발 앞으로 나가 서며 애걸했다.

“제가 비록 백 번 죽을 죄를 지었다 하나, 그에 못지 않게 공이 크오니 이번만큼은 용서하여 주십시오.”

이 말을 들은 염라대왕이 따져 물었다.

“네가 무슨 공로를 세웠단 말이냐?”

“예, 제 몸에는 사황(蛇黃)이라는 것이 있어 그것으로 수많은 사람의 병을 고쳤사오니 어찌 공로라고 하지 않을 수가 있겠습니까.”

“음, 그것도 그렇군. 그럼 죽음만은 면하게 하노라.”

이리하여 뱀은 목숨을 건지게 되었다.

그 뒤를 따라 황소 한 마리가 끌려와 역시 염라대왕의 문초를 받게 되었다.

“네놈은 그 뿔로 사람을 받아 죽게 했다고? 그러니 죽어 마땅하니라."

염라대왕이 호령하자 소 역시 애걸했다.

"저에게도 사람의 병을 고치는 황이 있사온데, 이른바 우황(牛黃)이라고 합니다. 그 동안 상당한 인명을 구한 바 있사오니, 은사를 내려주심이 어떠하오리까?"

이리하여 황소도 죽음을 면하였다.

이어서 끌려온 것은 사람이었다.

"너는 사람을 많이 죽였구나. 사람이 사람을 죽이는 것은 그 죄가 크다. 너는 죽어도 할말이 없으렷다?"

그러자 그가 기어 들어가는 목소리로 애걸했다.

"저에게도 황이 있사오니, 제발 목숨만은……."

염라대왕은 크게 노하여 소리쳤다.

"네가 나를 놀리는구나. 사황(蛇黃)과 우황(牛黃)이 있다는 것은 나도 알고 있다. 한데 너의 그 인황(人黃)이라는 것은 어디다 쓰자는 것이냐?"

그러자 그가 뒤통수를 긁적거리며 말했다.

"저에게는 담석증이 있사온데, 담석증이란 곧 인황병(人黃病)이 아니옵니까. 그래서 제게 황이 있다고 말씀드린 것뿐이옵니다."

2385

고양이

남편이 식사 중에 아내에게 말했다.

"여보, 고기를 먹고 싶소. 쇠고기 장조림 좀 내 와요."

"고양이가 훔쳐먹어 버렸어요."

"그럼 냉장고에 넣어 둔 고등어라도 내 와요."

"그것도 고양이가 물어가 버렸는데 어떡하죠."

"뭐라구? 그럼 고양이를 붙잡아다 줘. 그거라도 먹어야겠으니까."

2386
·

바 보

한 중년의 남자가 법관을 찾아가 이혼하겠다고 말했다. 그러자 법관이 물었다.
"무슨 이유로 이혼하려 합니까?"
"아내가 나를 바보라고 하잖습니까."
"그건 이혼 사유가 안 되는데요."
"사실은 이런 거예요. 아내가 웬 남자와 영화 구경을 하면서 둘이 안고 히히덕거리기에, 내가 '뭣들 하는 거야?'라고 물으니, 아내가 '눈을 뻔히 뜨고도 몰라? 이 바보야'라며 나를 욕했습니다."

2387
·

충 성

법정에서 쌍방의 이혼 논술을 듣고 난 법관이 부인에게 말했다.
"듣고 보니 부인께선 남편에게 충성을 다하지 못했군요."
"제가 충성을 다하지 못했다구요?"
그러자 부인이 펄쩍 뛰며 말했다.
"저 사람은 늘 일주일 동안 출장을 간다고 해 놓고는 이튿날 돌아오곤 했단 말예요. 그런데 누가 누구에게 충성하지 않았다구요?"

2388
·

평등치 못하다

한 배우의 부인이 법정에 와서 이혼을 제기했다. 이에 법관이
물었다.

"남편이 부인을 어떻게 대했습니까? 사실을 그대로 얘기해 보십
시오."

"남편은 여러 사람이 보는 무대 위에서 많은 여자를 안고 돌았
으면서 제가 잠시 뒤에서 한두 남자와 즐겨 놀았다고 떠들어대는
거지 뭡니까. 이런 평등치 못한 일이 어디 있습니까?"

2389
·

달 걀

바보스런 아내가 남편에게 물었다.

"엄마 병아리는 어디서 생기나요?"

"달걀에서 생기지."

"그럼 난 달걀을 안 먹을래요."

"왜?"

"달걀이 내 뱃속에 들어가서 병아리가 생기면 어떡해요."

2390
·

책장사

가난한 선비가 여러 차례 과거에 낙방하여 벼슬하기를 포기하고

가산을 정리하여 책장사를 나섰다. 그러나 책을 파는 장사인 만큼 학문에 대한 지식이 없어서는 곤란했다.

"내 비록 과거에는 번번이 떨어졌지만, 좋은 책을 고르는 안목은 누구보다도 뛰어나지."

선비는 아내에게 큰소리를 치고 행상을 떠났다. 마침내 책을 사 볼 손님을 만났다.

보기에도 꾀죄죄한 선비였으나 보따리 속에 가득한 기본이서(基本異書)들을 보고 그 손님이 안타까운 표정을 지었다.

이렇게 좋은 책들을 무척이나 가지고 싶어하는 표정이었다. 그러나 그 사람은 너무 가난하여 책을 한 권도 살 수 없는 형편인 모양이었다. 그의 안타까워하는 모습을 보니 이쪽에서 오히려 더 딱한 심경이었다.

손님은 결심이라도 한 듯 이렇게 말했다.

"골동품을 팔아서라도 이 책들을 사야겠습니다. 고물상에 내다 팔아도 어차피 좋은 값을 못 받을 테지만……."

이 말을 들은 책장수가 소리치듯 말했다.

"골동품!"

그는 골동품을 무척 좋아했다.

"어떠한 물건이오?"

"예, 옛 동기(銅器) 몇 점을 가지고 있습니다."

"구리로 만든 그릇! 그거 어디 내게 좀 보여주시오."

이리하여 골동품을 본 그는 책과 골동품을 몽땅 맞바꾸기로 했다. 책장사를 떠난 선비는 돈벌기는 고사하고 골동품만 잔뜩 짊어진 채 의기양양하게 집으로 돌아왔다.

"여보, 어떻게 이렇게 빨리 돌아왔수? 벌써 그 많은 책들을 다 파셨어요?"

"팔구말구."

"그럼 어디 돈 좀 내놔 봐요."

그러나 남편이 메고 돌아온 자루 속에서는 쇳소리도 요란한 골동품 구리 그릇들이 굴러 나왔다.

"이게 다 뭐예요?"

"실은 말이야……."

남편으로부터 이야기를 들은 부인은 너무나 어처구니가 없어서 발을 동동 굴렸다.

"장사한다고 잡안 물건 다 팔아 가더니 쓸데없는 저 구릿덩어리만 갖고 돌아오셨어요? 그래 저 구릿덩어리가 밥을 먹여 준단 말이에요?"

그러자 남편이 태연히 대꾸하는 것이었다.

"흥, 밥 못 먹기야 매일반이지. 책을 가져간 그 선비는 별수 있을 줄 아나? 당장 책 속에서 밥이 나오느냔 말이야!"

2391

영문 선생

아버지가 딸에게 물었다.

"너 학교에서 무슨 과목을 제일 즐기느냐?"

"영문과예요."

"참말이냐?"

"참말이고말고요. 영문 선생이 자주 결근을 하고 나오시지 않으니까 얼마나 좋은데요."

2392

시 간

남편이 밖에서 들어오는 아내에게 물었다.

"당신 문 밖에서 누구와 세 시간 동안이나 얘길 했어?"
"이웃집 장할머니와 얘기했어요."
"왜 집안에 모셔들이지 그랬어?"
"그럴 시간이 없었어요."

2393
·

누가 주인인가

양씨는 마누라를 두려워했다. 그러나 마누라는 남편이 자기를
두려워하는 걸 꺼려했다.
그러던 어느 날 어떤 사람이 물었다.
"이 집에서는 누가 주인이에요?"
그러자 양씨가 별반 깊은 생각 없이 말했다.
"그건 우리 마누라에게 물어보시오."
이에 마누라가 눈을 부릅뜨며 말했다.
"그래, 누가 우리 집 주인인 걸 몰라요?"
이 말에 남편이 더욱 기가 죽어 말했다.
"예, 예, 예, 내, 내가 주인이지요."

2394
·

나도 안됐다

남편이 화가 난 목소리로 아내에게 말했다.
"당신은 왜 내가 피땀으로 벌어들이는 돈을 되는대로 써버리는
거요?"
이에 마누라가 미안하다는 듯이 말했다.

"나도 안됐어요. 늘 미안한 생각을 하고 있단 말이에요."
"대체 돈을 어디다 그렇게 쓰는 거요?"
이에 아내가 기어 들어가는 목소리로 말했다.
"마작을 놀았어요."

2395
·

두 사돈

성미가 급한 사돈과 성미가 느린 사돈이 길에서 만났다. 성미가 느린 사돈이 성미가 급한 사돈에게 신세를 많이 졌다고 감사를 표시했다.

1월에는 어떠어떠했고 2월에는 어떠어떠했으며 3월, 4월~12월까지 다 어떻게 신세를 졌다고 장황설을 늘어놓았다.

그런데 줄줄이 말하고 나서 고개를 들자 사돈이 보이지 않았다.
"사돈이 어디로 갔을까?"
하고 곁의 사람에게 물어 보았다.
"2월달에 벌써 가 버렸어요."

2396
·

효 성

며느리가 시어머니를 박대한다는 소문이 자자했다. 그런데 그 며느리가 이웃 사람들을 보고 자기가 억울하다고 공소했다.

"시어머니가 병환에 계실 때마다 나는 음식을 알뜰하게 마련해 푸짐히 차려 드렸다구요. 내 마음을 버선목이 아니니 뒤집어 보여 드릴 수는 없지만요."

이에 어떤 사람이 물었다.

"시어머니에게 뭘 대접했나요?"

"강냉밥에 무짠지, 닦은 땅콩…, 다 고소한 거지요."

2397
·

바보 사위

어느 부자에게 사위가 둘 있었다. 큰사위는 권세 있는 집의 귀공자이고 작은사위는 농사꾼이었다.

그래서 부자는 남들 앞에서 늘 큰사위만 자랑했고 작은사위는 아무 것도 모르는 바보라고 했다.

어느 날 부자가 두 사위와 함께 정원에서 생일을 쇠며 술을 마셨다. 이때 사위들을 보고 복숭아나무를 가리키며 말했다.

"자네들 얘기해 보게. 복숭아는 왜 뾰족한 끝이 먼저 붉어지는가?"

이에 큰사위가 제꺽 대답했다.

"거야 뾰족한 끝이 먼저 햇볕을 받기 때문입니다."

과연 똑똑하다고 생각한 부자는 연신 큰사위를 칭찬했다.

이어서 작은사위가 웃으며 말했다.

"장인님, 그 말은 틀렸습니다. 빨간 무는 왜 땅 밑에서 햇볕을 보지 못하는데도 더 붉습니까?"

그 말에 장인은 입이 벌어지고 말았다.

그들은 술을 마시고 나서 정원을 거닐기 시작했다.

장인이 또 물었다.

"이 꽃나무는 어찌하여 이처럼 호함지게 꽃송이가 크고 살쪘는가?"

그러자 큰사위가 제꺽 대답했다.

"거야 똥물을 먹고 자랐기 때문이지요."

"음, 그 말이 맞네."

그러자 작은사위가 또다시 면박을 주었다.

"왜 그렇게 틀린 말만 하지요? 그럼 장인님은 똥물을 마시지 않았는데도 뚱뚱한 걸 어떻게 해석하시겠어요?"

2398
·

야 참

야참 끌어안지 말아요
야참 뽀뽀를 말아요
야참 목을 놔줘요
야참 간지러워
야참 웃긴다
야참 허리
야참 젖
야참
야······

2399
·

빌려간 몸

어느 집에서 아들을 장가 보내게 되었다. 그런데 너무나 가난하여 이웃집의 텔레비전이며 옷장, 찬장 등을 빌려다가 자기네 살림살이인 양 차려 놓았다.

그리고 잔치가 끝난 후 물건을 죄다 주인에게 돌려주었다. 그러자 며느리가 본가로 가서 돌아오지 않는 것이었다. 그래서 시아버지가,

"며늘애기야 어서 돌아오너라."

하고 말했더니 며느리가 딱 잘라 거절하는 것이었다.

"저도 그 집으로 잠깐 빌리어 갔던 몸이었어요."

2400
·

친구의 아내

한 친구가 절친한 친구를 찾아가 꼬치꼬치 캐물었다.

"자네 술 마시는 여자 좋아하나?"

"아니 별로."

"그럼 담배 피우는 여자는?"

"그건 질색이야."

"그럼 밤낮 바가지를 긁는 여자는 어떤가?"

"그야 말해서 뭣하나."

"밥을 지을 줄 모르는 여자는?"

"그런 여자를 무엇에 쓰나?"

"그런데 이상해."

"뭐가?"

그러자 친구가 따지듯 물었다.
"그런데 자네는 왜 내 여편네를 그리도 좋아하나?"

2401
·

전기세

전기를 자주 끊으면서도 전기세를 받으러 왔다. 그러자 주인이 나서서 돈을 꺼내 보이더니 다시 호주머니에 집어넣었다.
"돈빛을 봤으면 됐어요. 돌아가세요."
"왜 돈을 주지 않습니까?"
"전기는 빛만 보이니 우리도 돈을 빛만 보이는 거요. 당신이 내 아내를 구경만 했지 보고 나서 언제 돈을 준 적이 있습니까?"
이 말에 세를 받으러 왔던 사람이 그만 어리둥절해지고 말았다.

2402
·

입 다물지 못할까

의사의 아내는 말이 많은 수다쟁이였다. 그래서 아내가 떠들면 의사가 입을 다물라고 꾸짖곤 했다.
"당신 문제가 있어요."
그러자 아내가 발끈 성을 내며 말했다.
"집에서는 나더러 입 다물라고 해놓고 병원에 가서는 남의 입을 벌려 놓고 구경만 하니, 이젠 내가 싫어진 게 아니에요?"
"입 다물기 싫으면 병원에 와 앉아 있으라구. 혓바닥 검사 좀 해 보게."
"병원에 가면 입 다물라는 소리 안할 거예요?"

"그래. 대신 입을 벌리고 한나절 동안이나 혓바닥을 내놓고 있어
야 해."
　의사의 말에 아내는 그만 두 눈이 휘둥그레지고 말았다.

2403
·

자 유

광복 직후 작풍 문제가 있는 남자
와 여자를 끌어내다가 걸핏하면 군
중대회를 열고 투쟁을 했다. 즉 남
자 목에는 여자의 신을 걸고 여자
목에는 남자의 신을 걸고 책상 위
에 세워 놓고 그들을 '헌신짝'이라
고 부르면서, 투쟁이 고조에 이르
면 신짝으로 귀쌈을 치기도 한다.
　이때 죄를 승인하고 탄백을 하라
했더니 여자가 말했다.
　"해방과 자유를 부르짖으면서 내
몸에 붙어 있는 내것도 내 자유대
로 못합네까?"
　그러자 장내가 그만 폭소로 가득

찼다. 그래서 투쟁대회가 싱겁게 끝나고 말았다.

2404
·

선 녀

어린 아들이 엄마를 보고 물었다.
"엄마, 선녀라는 게 뭐예요?"
"선녀란 백두산에 날아 내려온 하늘의 아가씨란다. 잠자리 날개 같은 옷을 입고 날아다니지."
"그럼 우리 집 식모가 어떻게 선녀가 돼요?"
"뭐라고?"
"아빠가 식모를 보고 '당신은 진짜 선녀로군' 하던데요."
그러자 어머니가 주먹을 휘두르며 말했다.
"내 오늘 그년을 날아가 버리게 할 테다."

2405
·

군서방

남녀 관계가 혼잡한 어떤 마을에 상급 간부가 조사를 하러 내려 갔다. 그래서 온 마을 여성을 한자리에 모아 놓고 말했다.
"군서방 하나라도 있는 여자는 왼켠에 서시오. 그리고 그렇지 않은 여자는 오른켠에 갈라 서시오."
그러자 여자들이 와―하고 왼켠으로 몰려갔다. 그런데 그 중 한 여자가 오른켠에 가 있었다.
그래서 간부가 물었다.
"진짜로 군서방이 없는가?"
그러자 그 여자가 대답했다.
"군서방이 하나뿐인 여자들과는 같이 있기 싫어요. 난 군서방이 여럿이거든요."

2406
·

여학생 숙소

일정 때 어느 여자 중학교 식당에서 남새를 사 오면 가지가 없어지곤 했다.

그래서 어느 날 새벽에 전교생을 학교 마당에 비상 소집시켰다. 그리고는 선생이 몰래 여학생 숙소로 가서 이불을 들추니 이불마다에서 가지가 나왔다.

2407
·

어린 서방

옛날에는 나이 든 처녀가 어린 서방에게 시집을 갔다. 그래서 열 살도 안 되는 서방은 있으나마나 했다. 더구나 고것이 콧물을 닦아 달라 밑구녕을 씻어 달라 업어 달라 긁어 달라 할 때는 귀찮기 그지없었다. 그리고 거시기는 여물지가 않아서 아무데도 소용이 없었다.

한번은 시어머니가 어디로 나간 뒤에 며느리가 어린 서방을 귀찮아서 지붕에 올려놓고는 방아를 찧었다.

"나 엄마 돌아오면 일러 주겠다 이년. 불적쇠 찜질을 당해 봐."

어린 서방이 종알거렸다.

마침내 시어머니가 돌아오자 며느리는 가슴이 두근거렸다.

"너 왜 지붕에 올라갔냐?"

어머니의 물음에 어린 서방이 히쭉 웃으며 말했다.

"나 지붕에서 박을 따자고 올라왔어요."

하고 처를 보며 한쪽 눈을 꿈뻑하는 것이었다.

2408

·

무도장에서

한 아가씨가 무도장으로 춤을 추러 갔는데 춤을 추자고 나서는 남자가 없었다. 그래서 여간 기분이 상한 게 아니었다.
한참이 지나자 젊은이 하나가 그녀에게로 다가왔다.
"춤을 추시겠습니까?"
"네."
아가씨는 반가운 김에 제꺽 일어섰다.
"그럼 저는 이 자리에 앉아 쉬겠습니다."
아가씨는 젊은 남자에게 자리만 빼앗기고 말았다. 그래서 분해 죽으려고 했다.

2409

·

고수머리

아이를 낳았는데 아버지가 자기 아이가 아니라고 벅벅 우겼다.
그래서 아이 엄마가 화를 내며 말했다.
"당신은 무슨 근거로 부정하죠?"
"나를 닮았다면 애 머리가 고수머리가 돼야 하지 않나? 내 거시기 털은 곱슬 털이야. 애가 나를 닮은 데가 하나도 없단 말야."

2410
·

가죽이냐 뼈냐 고기냐

남자의 성기가 가죽이냐 뼈냐 고기냐 하고 쟁론이 붙었다.

서로들 자기 주장을 내세우다가 길 가던 교수님을 붙잡고 누구의 말이 옳으냐고 물었다.

그러자 교수님이 한참 머리를 갸웃거리더니 말했다.

"거야 볼 때는 가죽이요 화를 내면 뼈요 맛을 보면 고기지요."

2411
·

기차굴(터널)

밤에 아버지가 어머니에게 올라탔다가 어린 자식에게 들켰다. 그러자 아이가 물었다.

"아빠 뭣해요?

"나 지금 기차굴로 들어간다."

급한 김에 이렇게 대답하자 아이가 부러워하며 말했다.

"아빠, 나도 기차굴로 들가 보갠?"

2412
·

영화관에서

영화관에서 영화를 구경하던 남자가 곁에 앉은 이쁜 여자를 자꾸만 곁눈질해 보았다.

그런데 그녀가 남자의 손에 살그머니 초콜릿을 쥐여주는 것이었

318

다.
'음, 내가 마음에 드는 모양이다.'
하고 생각한 그는 은근히 기분이 좋았다.
그래서 영화가 끝난 뒤 남자는 그녀 뒤를 슬그머니 따라갔다.
그러자 그녀가 갑자기 홱 돌아서며 화를 내는 것이었다.
"왜 남의 뒤를 밟아요? 일후에는 여러 사람이 모인 장소에 마늘
을 먹고 다니지 말아요."

2413
·

바보 알

아이가 어머니에게 물었다.
"엄마, 달걀은 어디서 나오는 거야?"
"닭이 낳지."
"그럼 오리알은 어디서 나오는 거야?"
"그야 오리가 낳지."
"이제야 알겠네. 그럼 바보가 나를 낳았겠구나."
"그게 무슨 말이냐?"
"유치원에 가니까 애들이 나보고 '바보 알'이라잖아. 그러니까 바
보 알은 바보가 낳은 거지. 아니야?"

2414
·

질 문

분노한 마누라가 남편에게 대들었다.
"오늘 영옥이한테서 들었어요. 당신이 잘 때 코를 고는데 우뢰

소리 같다고. 솔직히 말해 봐요. 언제 영옥이 집에 가서 잤어요?"
"왜 엉뚱한 소리를 하는 거야?"
"영옥인 우리 회사 사람이야. 난 출근해서 사무실에 가 앉아서 꼬박 8시간 있다가 퇴근 시간이 되어서 집으로 돌아왔을 뿐이야."

2415

이 빨

아내가 이웃집 아주머니에게 말했다.
"우리 남편은 나를 미워할 때면 늘 이빨을 악물고 대들어요. 지금은 그러지 못하지만."
"어떻게 구슬렀기에 남편의 태도가 그렇게 변했는가요?"
"남편의 틀이를 감춰 버렸거든요."

2416

취중에 한 말

아내가 남편에게 말했다.
"어젯밤 당신이 집으로 늦게 돌아와서는 술에 취했다고 말했죠?"
"내가 취했다고? 허튼소리 말아."
"허튼 소리라니요? 당신 입으로 한 말인데."
"음 알았어. 그런데 취중에 한 말을 다 믿을 순 없는 거야."

2417

연 필

교수가 급히 학술보고를 쓰려고 연필을 찾고 있었다.
"여보, 내 연필이 왜 없나?"
"당신 귀에 끼겨 있네요."
"난 바쁜 사람이야. 어느 쪽 귀에 끼겨 있나?"
하고 교수가 성을 내며 말했다.

2418

넥타이

남편의 생일날에 아내가 넥타이를 하나 선물로 사 왔다.
"어때요? 마음에 들어요?"
그러자 남편이 이리저리 넥타이를 뜯어보더니 말했다.
"고맙긴 하지만 이 넥타이를 맨 다음엔 수염을 길게 길러서 덮어 버려야겠어."

2419
·

경 고

밤중에 아내가 남편을 흔들어 깨웠다.
"무슨 동정이 있는 것 같아요. 도적 같애요."
"당신 착각이야."
"그럼 맘놓고 주무세요. 아침에 돈지갑이 없어져도 나를 의심하
지 마세요."

2420
·

둘 다 좋다

한 아가씨에게 두 곳에서 혼삿말이 들어왔다. 동쪽의 사람은 잘
살지만 못생겼고 서쪽의 사람은 잘생겼지만 가난했다.
그래서 아버지가 딸에게 물었다.
"네 생각은 어떠냐?"
"둘 다 좋아요."
"어떻게 둘 다 좋단 말이냐?"
그러자 딸이 말했다.
"밥은 부자인 동쪽 집에 가서 먹고 잠은 잘생긴 서쪽 집에 와서
자면 되잖아요."

2421
·
거짓말

신부가 남편에게 사실을 털어놓았다.

"전 낭군님께 거짓말을 했어요. 미안해요. 나이가 스물세 살이라고 했는데 실은 스물다섯 살이거든요."

그러자 신랑이 말했다.

"괜찮아. 나도 월급이 150원인 걸 300원이라고 했는데 뭘. 월말까지 살아가기 어려운데 피장파장이야. 걱정 마."

2422
·
궁둥이

아내가 남편에게 말했다.

"당신은 왜 아이가 말을 듣지 않는다고 귀를 비튼대요?"

이에 남편이 말했다.

"말을 듣지 않으니 귀를 비틀 수밖에."

그러자 아내가 못마땅하다는 듯이 말했다.

"궁둥이를 치세요. 귀를 비틀면 잘못된대요."

"허튼소리 말아. 당신 궁둥이도 말을 잘 안 듣는데 애 궁둥이를 친다고 말을 듣겠어?"

2423
·
같은 점

어떤 사람이 한 부인에게 물었다.

"부인은 남편과 20여 년 같이 살면서 공통된 점이 뭐라고 생각하세요?"

그러자 부인이 한참을 생각하더니 말했다.

"우리 둘은 결혼 날짜가 같은 것 외에는 아무 것도 같은 점이 없어요."

2424
·
문을 차다

남편이 퇴근 후 집으로 들어서려는데 어느새 아내가 마중을 나섰다.

"난 소리만 들어도 당신이 온 줄 알아요."

"어떻게 알지?"

"우리 아파트에는 당신밖에 발로 문을 차고 들어오는 사람이 없으니깐요."

부 록

・남북 대화 일지

남북 대화 일지

회담·선언	년 월 일	내 용
8·15 선언	1970. 8. 15	평화통일의 구상에 관한 선언으로 남북대화의 계기를 마련
남북적십자회담 제의	1971. 8. 12	인도주의적 정신에 입각하여 이산가족 찾기 운동을 제의
남북적십자회담 제의 수락	1971. 8. 14	북한 적십자사가 우리의 제의를 수락
7·4 남북공동 성명	1972. 7. 4	자주적·평화적 통일, 민족적 대단결 등 조국통일의 원칙에 합의하고 남북조절위원회 설치
남북적십자 본 회담 개최	1972. 8. 29~ 1973. 8. 23	7차례에 걸처 회담 개최
남북조절위원회 본회의 개최	1972. 11. 30~ 1973. 6. 13	3차례에 걸쳐서 개최
6·23 선언	1973. 6. 23	평화통일외교정책에 대한 특별성명으로, 남북한의 UN 동시가입과 문호개방으로 비적성 공산국과 수교가 가능하게 됨
상호불가침협정 제의	1974. 1. 18	상호 무력침공 방지, 상호 내정불간섭
평화통일 3대 원칙	1974. 8. 15	불가침협정 체결, 대화와 교류 및 협력의 확대로 신뢰회복, 자유총선거 실시
대북한 식량 원조 제의	1977. 1. 12	인도주의 정신에 입각한 식량 원조를 제의
남북경제 협력 협의 기구 설치	1978. 6. 23	남북간의 교역, 기술과 자본협력의 길을 트고, 이를 효율적으로 추진하기 위하여 쌍방의 민간 경제계 대표들이 참여하는 기구의 설치를 제의
남북한 당국의 무조건 회담 제의	1979. 1. 19	시기·장소·수준에 관계없이 남북한 당국이 무조건 만나서 그 동안 남북한이 제시해 온 모든 분야의 문제를 논의할 것을 촉구
3당국회의 제의	1979. 7. 1	우리 정부가 북한측이 대미평화협정체결의 주장을 내세우고 있는 상황하에서 이를 직접 당사자 간의 자주적 해결 방식으로 바꾸도록 하기 위하여 한·미 양국 수뇌의 공동명의로 제의했는데, 3당국 회의의 주역은 남북한 당국이며, 미국은 협력자임을 분명히 밝힘
총리회담 실무 대표 접촉	1980. 2. 6~ 1980. 8. 20	10차례 접촉

남북 이 산 가 족 고향방문 및 예술공연단 교환 방문	1985. 9. 20~ 9. 25	남북한이 동시에 이산가족의 고향 방문과 예술공연단의 동시 교환 방문을 실현(서울·평양)
남북국회회담 제의	1985. 4. 9	제1차 접촉(1985. 7. 23), 제2차 접촉(1985. 9. 25)
제10차 적십자 본회담	1985. 12. 2~ 12. 5	서울에서 개최
남북체육회담	1985. 10. 8~ 1987. 7. 14	1차회담(1985. 10. 8~9), 2차회담(1986. 1. 8~9), 3차회담(1986.6.10~11), 4차회담(1987.7.14)
남북회담 북한측 대표단 공동 성명	1986. 1. 20	북한측이 적십자·경제·국회회담 등을 중단하겠다는 성명 발표
남북수자원당국 회담 제의	1986. 11. 28	이규효 건설부장관이 회담 제의
북한의 군사회담 제의	1987. 1. 11	북한이 남북고위급 정치·군사회담을 제의해 옴
남북회담 무조건 호응 촉구	1987. 4. 27	정부대변인 북한측에 남북회담에 무조건 응할 것을 촉구
남북한 최고 책임자회담 재촉구	1987. 6. 4	한국의 성장결실을 북한과 나눌 용의가 있으며, 동시에 남북한 최고책임자회담의 재촉구를 밝힘
KAL기 폭파사건에 관한 성명 발표	1988. 1. 15	정부대변인 KAL기 폭파사건 공개 사과 및 책임자 처벌 촉구
남북 고위당국자 회담 제의	1988. 6. 3	이현재 국무총리의 담화를 통해서 제의
한반도 군축 3단계 방안 제시	1988. 6. 11	최광수 외무장관이 제3차 유엔군축 특별총회에서 제의
노대통령 7·7선언	1988. 7. 7	노태우 대통령 남북관계 개선 특별선언. 남북한 교역 및 문화개방 천명
남북 학생 조국 순례·교환 경기 제의	1988. 7. 15	김영식 문교장관이 북한에 남북 학생 조국순례·교환 경기의 실현을 위한 남북 교육당국간의 회담을 제의
남북한 최고 책임자 회담 제의	1988. 8. 15	노태우 대통령 제의
남북국회 예비회담 재개(3차)	1988. 8. 19	국회 예비회담이 2년 11개월 만에 재개. 4차회담(1988.8.26), 5차회담(1988.10.13), 6차회담(1988.11.17)

고려민주연방공화국 창설 제의	1980. 10. 10	남북의 사상과 제도를 인정·허용하는 기초 위에서 남북의 동수대표 및 적당한 수의 해외동포로 최고민족연방회의와 연방상설위원회를 조직하여 연방통일정부를 수립하고, 현재의 남북한 정부는 지역정부(지역자치제)로 격하되어 연방통일정부의 통제를 받는다는 내용이다 .
남북한 최고 책임자 상호 방문 제의	1981. 1. 12	남북간의 신뢰 회복과 전쟁 재발의 방지 및 대화재개의 결정적 계기를 마련하기 위함.
6·5 제의	1981. 6. 5	1·12 제의의 수락을 거듭 촉구하고, 남북한 당국의 최고 책임자 회담을 열자고 제의하고, 장소와 시기는 북한 당국에 일임.
민족화합민주통일 방안	1982. 1. 22	실질적인 통일민주공화국 수립의 방안, 남북한 기본관계에 관한 잠정협정의 체결, 통일방법(민족통일협의회의→통일헌법→민주적 총선거 실시→통일민주공화국 수립)
20개 시범사업 실천 제의	1982. 2. 1	손재식 통일원장관이 제의
100인 정치인 연합회의 소집 제의	1982. 2. 10	북한이 제의
남북 제정당 사회단체 연석 회의	1983. 1. 18	북한이 제의
남북한·미국 3자회담 제의	1984. 1. 10	북한이 제의
남북한 교역 및 경제협력 제의	1984. 8. 20	전두환 대통령, 남북한 교역 및 경제협력 교류 제의
한적(韓赤), 북한의 수재민 구호물자 제공 제의 수락	1984. 9. 14	한적(韓赤), 북한측의 수재물자를 인수(1984. 9. 29~10. 4)
남북 경제회담 제의	1984. 10. 12	1차회담(1984.11.15), 2차회담(1985.5.17), 3차회담(1985.6.20), 4차회담(1985.9.18), 5차회담(1985.11.20)
제8차 적십자 본회담	1985. 5. 27~5. 30	서울에서 개최
제9차 적십자 본회담	1985. 8. 26~8. 29	평양에서 개최

불가침선언 논의 제안	1988. 10. 4	노태우 대통령이 김일성 주석과 불가침 선언을 비롯한 조국통일의 실현문제를 논의하고자 제의
남북경제회담 재개 재촉구	1988. 10 .7	라웅배 부총리가 남북 경제회담 재개 재촉구, 국내 민간상사의 남북한 간접교역 허용
동북아평화협의회 제의	1988. 10. 18	노태우 대통령이 제43차 유엔총회 본회의에서 제의
남북고위당국자회담을 위한 2차 예비회담	1989. 3. 2	북한측의 팀스피리트 훈련 중지 거론으로 다시 공전됨
1차 남북 체육회담	1989. 3. 9	'90년 북경 아시아경기 남북한 단일팀 구성이 의제
민족공동체 통일방안	1989. 9. 11	자주·평화·민주의 원칙 아래 과도기적인 통일체제로 남북연합을 구성하여 남북평의회를 통해 통일헌법을 제정하고 총선거를 실시, 통일민주공화국을 구성하자는 제의
제1차 서울 남북 고위급 회담	1990. 9. 4~7	대한민국 강영훈 총리와 북한의 연형묵 총리 서울서 회담
제2차 평양 남북 고위급회담	1990. 10. 16~19	대한민국 강영훈 총리와 북한의 연형묵 총리 평양서 회담
제3차 서울 남북 고위급 회담	1990. 12. 11~14	대한민국의 남북관계 개선 기본합의서안과 북한의 북남불가침과 화해협력에 관한 선언을 놓고 뚜렷한 입장 차이로 합의에 이르지 못함.
제4차 평양 남북 고위급 회담	1991. 10. 22~25	남북한 정치·군사적 대결상태 해소와 다각적인 교류 협력방안 협의
제5차 서울 남북 고위급 회담	1991. 12. 10~13	남북 사이의 화해·불가침 및 교류협력에 관한 합의서 서명
제6차 평양 남북 고위급 회담	1992. 2. 18~21	남북합의서와 비핵화 공동선언의 비준서 교환
제7차 서울 남북 고위급 회담	1992. 5. 5~8	남북연락사무소와 군사·경제교류 협력·사회문화교류 3개 공동위 등 남북합의서의 실천기구 발족합의
제8차 평양 남북 고위급 회담	1992. 9. 15~18	화해·불가침·교류 협력 등 3개 부속합의서 양측 총리의 서명으로 발효

북간도 유머

·

초판 인쇄 · 2000년 7월 10일
초판 발행 · 2000년 7월 15일

엮은 이 · 리상각
본문 그림/김행용

펴낸 이 · 임종대/펴낸 곳 · 미래문화사
등록 번호 · 제3-44호/등록 일자 · 1976년 10월 19일
ⓒ2000. 미래문화사

주소 · 서울시 용산구 효창동 5-421 ㉿140-120
전화 · 715-4507/713-6647
팩시밀리/713-4805

값8,000원

ISBN 89-7299-195-3 03820